François Houtart

LE BIEN COMMUN
DE L'HUMANITÉ

D1719047

Couleur livres

Texte présenté avec la collaboration de Francine Mestrum à la conférence *Des biens communs au Bien commun de l'Humanité*, organisée par la Fondation Rosa Luxembourg à Rome et revu après les discussions. Ce texte a aussi servi de base à l'élaboration d'un document pour *l'Instituto de Altos Estudios Nacionales* (IAEN) et le ministère des Relations extérieures de l'Équateur.

Image de couverture : *El abrazo*, par Oswaldo Guayasamin.
© Fondation Guayasamin, Quito, Équateur.

Editions Couleur livres asbl
4, rue André Masquelier – 7000 Mons
Tél. 00 32 65 82 39 44 - Courriel : edition@couleurlivres.be

ISBN : 978-2-87003-626-6

D/2013/0029/13

www.couleurlivres.be

PRÉFACE
De crises en crises, d'où venons-nous, vers où allons-nous ?

Birgit Daiber et François Houtart.

Faut-il vraiment détruire la planète pour se développer ? La croissance économique exige-t-elle nécessairement le sacrifice de millions d'hommes et de femmes ? Le chômage des jeunes est-il le prix à payer pour sauver l'économie ? La succession des crises, l'obstination à poursuivre dans la voie du néolibéralisme, la généralisation des injustices forcent l'Humanité d'aujourd'hui à se poser des questions fondamentales. De plus en plus, partout dans le monde, monte l'indignation. Le cri des opprimés fait écho au gémissement de la Terre-Mère.

Les initiatives pour la solution des crises ont continué à échouer : la conférence de l'ONU sur le climat à Copenhague, en 2009, et les réunions ultérieures n'ont pas abouti à des décisions contraignantes. Les recommandations de la conférence des Nations Unies sur la réglementation des capitaux spéculatifs destructifs ont été ignorées.

Le temps est venu de passer à l'action et, à cet effet, de développer des idées nouvelles. Réparer les dysfonctionnements de l'économie de marché capitaliste, prôner un capitalisme vert, réguler les marchés financiers, lutter contre la pauvreté par des mesures d'assistance, élaborer des systèmes de sécurité de plus en plus militarisés et criminaliser les résistances, tout cela s'inscrit dans une perspective d'adaptation du système existant. Or, ce dont nous avons besoin, c'est d'un changement radical : un nouveau paradigme, c'est-à-dire une nouvelle orientation fondamentale de la vie des êtres humains sur la planète.

Nous venons d'un système en fin de course, car il est devenu plus destructeur que créateur. Nous devons construire l'alternative. La plupart des gens vivent dans la confusion. Nombre de responsables politiques annoncent la fin progressive de la crise, alors même que les indicateurs signalent le contraire. Des partis politiques sensés progressistes se transforment en gestionnaires du système. Les instances morales se limitent souvent à dénoncer des abus, mais ne signalent les causes et ne condamnent pas les logiques. La vulnérabilité économique de larges couches des populations les incitent à s'accrocher à ce qu'ils ont péniblement acquis, plutôt que prendre le risque du changement.

Donc, nous devons penser, nous devons analyser, nous devons anticiper – et nous devons créer des alternatives. C'est une tâche pour nous tous, pas seulement pour quelques experts. Vers où allons-nous ? Pour répondre à cette question, nous avons besoin de mettre en place un échange permanent dans les deux sens (dialectique) entre le faire et la réflexion. Nous nous référons à des nombreux mouvements et à des projets qui ont déjà commencé à relever ce nouveau défi. Les mouvements des *Indignados* en Europe, le mouvement *Occupy-Wall Street* dans les États-Unis, les réseaux altermondialistes, les mouvements écologistes, les mouvements indigènes et les mouvements des sans terre et des petits paysans, les mouvements démocratiques d'Afrique du Nord et du monde arabe sont l'expression de la recherche d'une nouvelle perspective. Exemples de projets concrets tels que la banque de développement inter-régional en Amérique latine, "Banco del Sur", et le système de paiement sécurisé entre les pays latino-américains à preuve de spéculation ("Sucre"), le revenu garanti pour les petits agriculteurs en Inde (NREGA), le Réseau pour la protection sociale transformatrice (NT SP) dans le Sud-Est asiatique et des nombreux autres projets locaux et interrégionaux utilisent le temps pour travailler pour un avenir meilleur, contre toute attente.

Ce que nous présentons dans cet opuscule c'est une perspective d'avenir sur la base d'une analyse de la crise. Elle s'appuie sur des centaines d'initiatives qui annoncent un nouveau paradigme, celui du "Bien commun de l'Humanité", c'est-à-dire la possibilité de vivre harmonieusement avec la nature, dans une société juste et aux multiples expressions culturelles ; bref, une utopie porteuse d'engagement. Mais pour ne pas que celle-ci reste illusoire, il faut traduire le concept de "Bien commun de l'Humanité" en termes concrets, permettant de traduire dans la vie quotidienne les orientations théoriques. Ces dernières seront sans cesse à remettre à jour en fonction de l'expérience des luttes populaires.

L'étape actuelle consiste donc à présenter à la discussion de tous et de toutes les bases d'une pensée capable d'orienter l'action, de donner une cohérence à la réflexion et de servir de base à la convergence des mouvements pour changer les orientations de la vie commune de l'Humanité sur la planète. C'est une œuvre de longue haleine mais qui exige un engagement immédiat. Une étape suivante sera de dégager les acteurs et de formuler les stratégies, non pour réinventer ce qui existe déjà, mais pour donner une force nouvelle aux luttes et aux initiatives qui anticipent la réalisation du "Bien commun de l'Humanité".

C'est ce que nous voulons entreprendre.

DES BIENS COMMUNS
AU BIEN COMMUN
DE L'HUMANITÉ

Introduction

Dans le monde entier, un profond malaise se manifeste, face à l'accroissement des fractures sociales, au non-respect de la justice, au chômage des jeunes, aux abus de pouvoir, à la destruction de la nature. Une nouvelle vague de mouvements sociaux a vu le jour. Les forums sociaux ont permis leur mondialisation. Une conscience sociale collective se développe : on ne peut plus continuer ainsi. Le modèle de développement économique que nous vivons, avec ses conséquences politiques, culturelles et psychologiques est à l'origine des déséquilibres. En même temps, la nécessité de trouver des solutions s'impose dans l'urgence. Le moment est venu de proposer de nouvelles orientations et pas seulement des adaptations au système existant. Penser un tel objectif et réunir les forces de changement sont devenus une priorité.

En parallèle, avec l'initiative italienne du *referendum* sur l'eau (un des biens communs), la Fondation Rosa Luxembourg organisa à Rome, en avril 2011, une conférence intitulée *Des biens communs au Bien commun de l'Humanité*, afin de promouvoir une réflexion sur les liens entre les deux notions : "biens communs" et "Bien commun de l'Humanité", visant à intégrer les revendications et les luttes pour le changement social.

Pourquoi associer la notion de "biens communs" au concept de "Bien commun de l'Humanité" ?

La défense des "biens communs" est de nos jours une revendication forte de nombreux mouvements sociaux. Elle inclut tant les éléments indispensables à la vie – comme l'eau et les semences – que les "services publics", aujourd'hui démantelés par les politiques néolibérales, au Sud comme au Nord. Cette lutte consiste en une opposition aux vagues de privatisations qui ont affecté la plus grande partie des réseaux publics, depuis les chemins de fer, l'électricité, l'eau, les transports, la téléphonie, jusqu'à la santé et l'éducation, mais aussi les forêts, les rivières et les terres. Ce qu'on appelait en Angleterre, avant le capitalisme, les *commons* [1], s'est progressivement réduit, laissant la place à un système économique qui transforma l'ensemble de la réalité en marchandises, étape nécessaire à l'accumulation du capital, et qui fut accentuée par l'hégémonie actuelle du capital financier. Le *common land* (terre commune) fut considéré comme *wasted land* (terre gaspillée) et toute utilisation non capitaliste de la terre signifia une "non-utilisation" (Michaël Brie, 2011).

Il est clair que la revalorisation des "biens communs", sous toutes ses formes (nationalisations ou autres formes de contrôle collectif) constitue un objectif fondamental pour sortir d'une longue période pendant laquelle la logique économique a mis l'accent sur ce qui est privé et individuel, afin de promouvoir le développement des forces productives et l'efflorescence de l'initiative privée, parvenant ainsi

---

1   Les *commons* étaient des terres communales des populations paysannes en Angleterre qui, peu à peu, à partir du XIIIe siècle, se transformèrent en domaines privés de propriétaires terriens par le moyen des enclosures, c'est-à-dire l'établissement de clôtures par ces derniers, particulièrement pour l'élevage de moutons, ce qui provoqua de nombreuses révoltes paysannes.

à exclure de ses objectifs la plus grande partie du domaine public. On en est arrivé jusqu'à mercantiliser la vie humaine. Cette logique économique a instrumentalisé le champ du politique, ce qui est s'est clairement manifesté durant la crise des années 2008 et suivantes, avec les opérations de sauvetage du système financier, sans nationalisations et en le laissant entre les mains de ceux qui en étaient à l'origine (sauf à condamner les délinquants). De telles politiques ont conduit aux mesures d'austérité, faisant payer le poids de la crise aux populations, tout en poursuivant les orientations néolibérales.

La défense des services publics et des "biens communs" se situe évidemment dans l'ensemble des résistances à ces politiques, mais elles courent le risque de n'être que des combats d'arrière-garde si elles ne se placent pas dans un cadre plus large, celui du "Bien commun de l'Humanité" dont elles font partie, c'est-à-dire la vie de la planète et de l'Humanité. En fait, le rétablissement de certains secteurs des services publics peut être recommandé, même par des organismes comme la Banque mondiale. Plusieurs grands entrepreneurs le pensent aussi, après avoir constaté que la vague de privatisations ne s'est pas avérée aussi rentable que prévu.

L'abord du concept de "Bien commun de l'Humanité" peut paraître très théorique face aux préoccupations sociales et politiques. Cependant, il peut être un instrument de travail concret, très utile pour affronter les diverses situations contemporaines comme les crises ou encore la convergence des résistances et des luttes contre un système destructeur de la nature et des sociétés. Cela implique des réalités très concrètes, en premier lieu la solidarité qui se dilue face à la compétitivité et à l'individualisme, mais aussi l'altruisme, le respect de la nature et de la tendresse ; bref, de tout ce qui constitue l'humain.

Nous commencerons ce travail par l'analyse de la crise et de ses multiples facettes, en montrant son caractère systémique. Cela permettra de poser le problème des "biens communs" et même du "Bien commun" (face au "bien individuel") en des termes nouveaux, en les intégrant dans la perspective du "Bien commun de l'Humanité". Nous traiterons ensuite de la nécessité d'une révision du paradigme de la vie collective de l'Humanité sur la planète, en insistant sur les aspects pratiques d'une telle démarche pour les politiques économiques et sociales, nationales et internationales. Enfin, nous présenterons une proposition de Déclaration universelle du "Bien commun de l'Humanité".

Le "Bien commun", dont nous venons de parler, est ce qui est partagé par tous les êtres humains (hommes et femmes). Dans son ouvrage *La Politique*, Aristote estimait déjà qu'aucune société ne pouvait exister sans quelque chose en commun, bien qu'il ait affirmé aussi que cet aspect devait être réduit au minimum. Dans ce document, nous ne développerons pas l'aspect philosophique de cette question, car nous voulons privilégier une approche sociologique qui s'intéresse aux conditions du contexte dans lequel se pose, aujourd'hui, la question du "Bien commun de l'Humanité". En effet, ce concept se distingue de celui des "biens communs" par son caractère plus général, impliquant les fondements de la vie collective de l'Humanité sur la planète : la relation avec la nature, la production de la vie, l'organisation collective (la politique) et la lecture, l'évaluation et l'expression du réel (la culture). Il ne s'agit pas d'un patrimoine, comme dans le cas des "biens communs", mais d'un état (de bien-être, de *Buen Vivir*) qui résulte de l'ensemble des paramètres de la vie des êtres humains, hommes et femmes, sur terre. Mais, il se distingue aussi de la notion de "Bien commun" – par opposition au "bien individuel" – telle qu'elle est définie dans la construction des États, c'est-à-dire la *res publica*, même si le concept de "biens communs universels" a été introduit par le PNUD dans son rapport de 1999. En effet, le concept de "Bien commun de l'Humanité" inclut la production et la reproduction de la vie à l'échelle de toute l'Humanité. Il s'agit finalement de la vie et de sa capacité de reproduction. C'est Riccardo Petrella qui a eu l'idée de réintroduire dans la pensée progressiste, la notion du "Bien commun", face au néo-libéralisme et à la domination du marché (1998) basant sa perspective sur "un nouveau contrat social mondial", de l'avoir, de la culture, de la démocratie, de la terre. Il s'agissait pour lui, d'en formuler les principes et d'en établir les règles, les institutions et la culture.

Bien évidemment, le concept de "Bien commun de l'Humanité" inclut les notions de "biens communs" et du "Bien commun" dans ses applications concrètes. Si nous commençons notre réflexion par la crise actuelle, c'est tout simplement parce que celle-ci met en danger non seulement les "biens communs" ou la notion de "Bien commun", mais aussi la survie même du genre humain sur terre et la régénération de la nature, c'est-à-dire le "Bien commun de l'Humanité". D'où l'urgence de la révision des termes de cette crise.

C'est, en effet, la dynamique de l'accumulation qui commença à fragiliser les "biens communs" dans les espaces territoriaux au XIIIᵉ siècle ; aujourd'hui, l'accaparement des terres dans les continents du Sud pour le développement de l'agriculture industrielle (en particulier les agrocarburants) et l'extraction minière constitue une étape nouvelle des "enclosures". La même logique a contaminé l'idée du "Bien commun de l'Humanité", tant au centre que dans les périphéries du capitalisme. C'est la logique de la mort qui prévaut et non celle de la vie. Pour parvenir aux solutions, nous devons reformuler le problème à sa racine, c'est-à-dire redéfinir ce que sont, aujourd'hui, les exigences de la construction du "Bien commun de l'Humanité". C'est pourquoi, dans un premier temps, nous illustrerons le caractère fondamental et systémique de la crise et de ses principaux éléments.

Les multiples faces de la crise

Lorsque plus de 900 millions d'êtres humains vivent en dessous de la ligne de pauvreté et que leur nombre augmente (PNUD, 2010) ; lorsque chaque jour des dizaines de milliers de personnes meurent de faim ou de ses conséquences ; lorsque chaque jour disparaissent des ethnies, modes de vie, cultures... mettant en péril le patrimoine de l'Humanité ; lorsque l'inégalité entre hommes et femmes se consolide dans le système économique formel et informel ; lorsque le climat se détériore, il n'est pas possible de parler uniquement d'une crise financière conjoncturelle, même si celle-ci a éclatée brutalement en 2008.

Les diverses crises

La crise financière et économique

En réalité, les conséquences sociales de la crise financière se ressentent bien au-delà des frontières de son lieu d'origine et affectent les fondements de l'économie. Le chômage, l'augmentation du coût de la vie, l'exclusion des plus pauvres, la vulnérabilité des classes moyennes élargissent la liste des victimes dans le monde. Il ne s'agit pas seulement d'un accident de parcours, ni uniquement d'abus commis par quelques acteurs économiques qui méritent d'être sanctionnés. Nous sommes confrontés à une logique qui traverse toute l'histoire économique des derniers siècles (F. Braudel, 1969 ; I. Wallerstein, 2000 ; I. Mészáros, 2008 ; W. Dierckxsens, 2011). De crises en régulations, de dérégulations en crises, le déroulement des faits répond toujours à la pression du taux de profit : lorsque celui-ci augmente, on dérégule ; lorsqu'il diminue, on régule, mais toujours pour favoriser l'accumulation du capital, défini comme moteur de la croissance. Ce que nous vivons de nos jours n'est donc en rien nouveau. Ce n'est pas la première crise du système financier et nombreux sont ceux qui affirment qu'il ne s'agit pas non plus de la dernière.

Cependant, la bulle financière créée durant les dernières décennies grâce – entre autres – aux nouvelles technologies de l'information et des communications a surdimensionné toutes les données du problème. On le sait, elle a éclaté avec le problème des *subprimes* aux États-Unis, c'est-à-dire avec l'endettement insolvable de millions de personnes, voilé durant un temps par une multiplicité de produits financiers dérivés (R. A. Carcanholo et M. de S. Sabardini, 2009, p. 57). Dans les pays industrialisés, la consommation augmenta plus rapidement que les revenus (J. Stiglitz, 2010, p. 12). Cependant, ce phénomène était bien plus ancien. Il se manifesta depuis le moment où l'économie virtuelle devint prioritaire sur l'économie réelle. En d'autres mots, depuis que le capital financier est devenu plus profitable que le capital productif (J. Beinstein, 2009, p. 29). L'une des origines principales de ce processus fut la décision du Président Nixon, en 1972, de détacher le dollar de l'or. Cela donna le coup d'envoi aux nouvelles politiques monétaires, dans le cadre de l'accroissement de l'interdépendance économique internationale (globalisation) (J. Stiglitz, 2010, p. 22).

Le capitalisme a connu très tôt des crises financières. La première s'est produite à la fin du XVIIIe siècle et elles se sont renouvelées depuis au cours de l'histoire. La dernière, au niveau mondial, s'est produite dans les années 1929-1930. Elle a été suivie, depuis la Seconde Guerre mondiale, par des crises régionales (Mexique, Argentine, Asie, Russie). La nouvelle crise financière mondiale de 2008 a provoqué le déclenchement d'une série de politiques spécifiques dans les pays du centre du système : endettement des États, restriction du crédit, politiques d'austérité, etc. Même les pays du Sud ont été affectés par la diminution des exportations (Chine), par des envois d'argent par les immigrés (Amérique centrale, pays andins, Philippines), par l'augmentation du prix du pétrole, etc. Ces pays n'ont pas été particulièrement touchés par l'endettement insolvable qui caractérisa le Nord et, parmi eux, nombreux ont profité de l'augmentation des prix des ressources naturelles. Cependant, un déséquilibre se produisit entre producteurs et non-producteurs de pétrole et des hausses de prix de l'énergie et des aliments ont affecté les consommateurs les plus pauvres, en particulier les femmes.

La cause fondamentale de la crise financière se situe donc dans la logique même du capitalisme (R. Herrera et P. Nakatani, 2009, p. 39). Faire du capital le moteur de l'économie et de son accumulation l'essentiel du développement débouche sur la maximisation du profit. Si la financialisation de l'économie favorise le taux de profit et si la spéculation accélère ce phénomène, l'organisation de l'économie dans son ensemble emprunte cette voie. Ainsi, la première caractéristique de cette logique : l'augmentation du taux de profit en fonction de l'accumulation du capital, se manifeste clairement dans ce processus. Mais un marché capitaliste dérégulé mène inévitablement à la crise. Et, comme le dit le rapport de la Commission des Nations Unies, en l'occurrence, "il s'agit d'une crise macro-économique" (J. Stiglitz, 2010, p. 195).

Cependant, la différence principale avec le contexte similaire de la crise des années 1930 est que le déséquilibre financier et monétaire actuel se combine avec des crises d'un autre type – alimentaire, énergétique, climatique –, toutes, cependant, liées avec la même logique.

La crise alimentaire

La crise alimentaire a deux aspects, l'un conjoncturel et l'autre structurel. Le premier s'est manifesté avec l'augmentation rapide des prix des produits alimentaires en 2007 et 2008. Malgré l'existence de bases objectives pour expliquer ce phénomène – comme une certaine diminution des réserves alimentaires – la raison principale fut d'ordre spéculatif, et la production d'agrocarburants n'y a pas été étrangère (l'éthanol produit à partir du maïs aux États-Unis). Ainsi, le prix du blé à la bourse de Chicago a augmenté en deux ans de temps de 100 %, le maïs de 98 % et l'éthanol de 80 %. Durant ces années, une partie du capital spéculatif s'est déplacé d'autres secteurs pour s'investir dans la production alimentaire, dans l'espoir de profits rapides et importants. En conséquence, selon le directeur général de la FAO, chaque année (en 2008 et 2009), plus de 50 millions de personnes sont passées sous la ligne de pauvreté et leur total a atteint, en 2008, un chiffre – jusqu'à alors inconnu dans l'histoire – de plus d'un milliard d'individus. Cette situation fut clairement le résultat de la logique du profit, la loi capitaliste de la valeur.

Le second aspect est structurel. Il s'agit de l'expansion, durant les dernières années, de la monoculture, à l'origine d'une concentration des terres, c'est dire d'une véritable contre-réforme agraire. L'agriculture paysanne ou familiale est détruite, partout dans le monde, sous prétexte de sa faible productivité. Il est vrai que la monoculture possède une productivité qui peut aller jusqu'à 500 % – et parfois 1000 % – de celle de l'agriculture paysanne dans son état actuel. Cependant, il faut prendre en considération deux facteurs. Le premier est la destruction écologique engendrée par la monoculture, en éliminant les forêts, en contaminant les nappes phréatiques, jusqu'aux rivières et la mer, par l'usage intensif des produits chimiques. On prépare ainsi, dans les 50 à 75 prochaines années, les déserts du futur. Par ailleurs, les paysans sont expulsés de leurs terres et des millions des personnes sont obligées de migrer vers les villes, dans les quartiers marginaux, en aggravant les tâches des femmes, en provoquant des crises urbaines et en augmentant la pression migratoire interne (comme au Brésil) ou externe comme dans plusieurs autres pays (Mexique, Amérique centrale, Colombie, Équateur, Philippines, Sri Lanka, Inde, Pakistan, Afghanistan, Maroc, Algérie, Afrique de l'Ouest).

Avec les services publics, l'agriculture constitue l'une des nouvelles frontières du capital (S. Amin, 2004), particulièrement lorsqu'on constate une diminution relative de la rentabilité du capital productif industriel et l'éclatement des bulles du capital financier, donc lorsque des fonds sont à la recherche de nouvelles sources de profit. Dernièrement on a assisté à un phénomène inédit : l'accaparement de terres par des capitaux privés et par des États. Dans le cas de l'Afrique, il s'agit en particulier de productions alimentaires et d'agrocombustibles. La firme Daiwoo (Corée du Sud) avait obtenu une concession de 1.200.000 hectares de terres, pour 99 ans, à

Madagascar, ce qui provoqua une grave crise politique et finalement une révision du contrat. Des pays comme la Libye ou les Émirats arabes unis font de même au Mali et dans divers autres pays africains. Des firmes multinationales européennes et nord-américaines d'exploitation minière ou d'agroénergie assurent l'exploitation de dizaines de millions d'hectares et pour de longues périodes. Des entreprises chinoises, d'État ou privées, procèdent de manière similaire.

On observe, dans ces initiatives, une très faible préoccupation vis-à-vis des dégâts écologiques et sociaux, qui sont considérés comme des "externalités", c'est-à-dire comme extérieurs aux calculs du marché. Et cela constitue précisément le second aspect de la logique du capitalisme, après l'accroissement du taux de profit. Ce n'est pas le capital qui supporte ces effets négatifs, mais bien les sociétés locales et les individus. Cela a toujours été la ligne d'action du capital, tant dans les pays centraux du système – sans égard pour le sort de la classe ouvrière – que dans les pays périphéries par le biais du colonialisme – sans aucune attention aux dégâts portés à la nature ou aux atteintes aux modes de vie des populations locales. Pour toutes ces raisons, la crise alimentaire, tant dans son aspect conjoncturel que dans sa dimension structurelle, est directement liée avec la logique du capitalisme.

La crise énergétique

La crise énergétique va au-delà de l'explosion conjoncturelle des prix du pétrole et fait partie de l'épuisement des ressources naturelles, surexploitées par le modèle de développement capitaliste. Une chose est claire : l'Humanité devra changer ses sources d'énergie dans les 50 prochaines années, en passant de l'énergie fossile à d'autres sources. L'utilisation irrationnelle de l'énergie et le gaspillage de ressources naturelles se sont manifestés particulièrement depuis la Seconde Guerre mondiale et surtout après le "Consensus de Washington", c'est-à-dire la libéralisation généralisée de l'économie qui caractérise l'ère néolibérale du capitalisme.

Le modèle de consommation individuelle (habitat, transport) typique de ce modèle, est particulièrement énergivore. Par ailleurs, la libéralisation du commerce extérieur a eu comme conséquence que plus de 60 % des marchandises traversent les océans, avec tout ce que cela implique en termes d'utilisation d'énergie et de pollution des mers. Chaque jour, plus de 22.000 cargos de plus de 300 tonnes naviguent sur les mers (M. Ruiz de Elvira, 2010). Cette circulation permet d'assurer des échanges désirables de biens, mais il renforce aussi l'application des principes de l'échange inégal avec les périphéries, productrices de matières premières et de biens agricoles. En outre, elle permet le plein développement des "avantages comparatifs". Ainsi, des produits peuvent être vendus à un prix moindre, bien qu'ils aient parcouru des milliers des kilomètres, puisqu'en périphérie les travailleurs sont plus exploités et parce que les lois de protection écologique sont inexistantes ou trop timides.

On peut débattre sur le nombre exact d'années qui seront nécessaires pour atteindre les pics du pétrole, du gaz ou de l'uranium mais, de toute manière, ces ressources ne sont pas inépuisables et les dates de réalisation des pics ne sont pas très éloignées. Déjà divers pays, comme les États-Unis, l'Angleterre, le Mexique et d'autres sont entrés dans ce processus. Inévitablement, l'épuisement signifiera une augmentation des prix, avec toutes les conséquences sociales et politiques que cela entraînera. Par ailleurs, le contrôle international des sources d'énergie fossile et d'autres matières stratégiques est de plus en plus important pour les puissances industrielles, qui n'hésitent pas à utiliser la force militaire pour s'en assurer. La carte des bases militaires des États-Unis le montre clairement et les guerres d'Irak et d'Afghanistan en sont une confirmation. Le rôle des États-Unis, en tant que garant mondial du système global, est très clair, lorsqu'on sait qu'ils ont un budget militaire proche de 50 % du total des dépenses militaires au niveau mondial. Aucun pays (ni l'Angleterre, ni la Russie, ni la Chine) n'atteint le quart du niveau des dépenses militaires des États-Unis. Évidemment, il ne s'agit pas seulement de contrôler les sources d'énergie, la fonction consiste à assurer la reproduction de l'ensemble du modèle économique.

La question des agrocombustibles s'inscrit dans le contexte de la rareté future d'énergie. Face à l'expansion de la demande et à la prévisible diminution des ressources énergétiques fossiles, il y a urgence à trouver des solutions. Comme les nouvelles sources d'énergie exigent le développement de technologies qui ne sont pas encore suffisamment avancées (comme l'énergie solaire ou l'hydrogène) et comme d'autres technologies proposent des solutions utiles mais marginales ou économiquement peu rentables (encore une fois l'énergie solaire ou les éoliennes), la solution offerte par les agrocombustibles semblait intéressante pour l'immédiat (F. Houtart, 2009). On a parlé, à leur sujet, de biocombustibles parce que la matière première est vivante – non morte comme dans le cas des combustibles fossiles – mais les mouvements paysans, en particulier, ont réagi contre ce type de vocabulaire à cause du caractère destructeur de la vie (la nature et les êtres humains) propre à la production massive d'agroénergie.

Pendant un certain temps, cette solution a été promue par des organisations et mouvements écologistes et elle était assez méprisée par les responsables de l'économie. Vers la moitié de la décennie des années 2000, l'attitude de ces derniers a changé. Les expériences de production d'éthanol à partir de la canne du sucre (au Brésil) et du maïs (aux États-Unis) ont permis de contrôler cette technologie relativement simple. De même, pour la production d'agrodiesel à partir de la palme, du soja ou d'autres plantes oléagineuses, comme le *Jatropha*. Pour le Brésil, le début de la vague de production d'éthanol a coïncidé avec la première crise pétrolière de 1973, en permettant la réduction de l'importation de pétrole devenu très cher. Pour les États-Unis, le problème était de réduire la dépendance vis-à-vis de régions extérieures dont ils percevaient certaines comme peu fiables (Moyen-Orient, Venezuela). Cela a justifié le développement de la production d'éthanol avec d'importants subsides d'État, malgré le fait que le maïs présente un rendement moindre que la canne de sucre en matière d'agrocombustibles.

Plusieurs pays ont commencé à décréter l'utilisation d'un certain pourcentage "d'énergie verte" dans la consommation globale. L'Union européenne a décidé, qu'en 2020, la proportion serait de 20 %, avec 10 % d'énergie liquide verte, c'est-à-dire d'agrocombustibles. L'ensemble de ces plans exige d'affecter à cette fin des millions d'hectares cultivables. En fait, étant donné l'énorme niveau de consommation, ni l'Europe, ni les États-Unis, ne disposent de terres suffisantes pour satisfaire leurs demandes énergétiques internes. D'où, depuis la fin de la première décennie du siècle, un intérêt croissant pour les continents du Sud qui disposent d'importantes surfaces de terres non cultivées.

La production d'agrocombustibles se réalise sous forme de monocultures, c'est-à-dire sur de grandes extensions de terres pour un seul produit. Dans plusieurs cas, cela implique la suppression des forêts, comme dans le cas de la Malaisie ou de l'Indonésie, où, en moins de 20 ans, 80 % des forêts vierges ont été détruites par les plantations de palme ou d'eucalyptus. La biodiversité a été éliminée avec toutes les conséquences sur la reproduction de la vie. Ce type de production exige non seulement beaucoup d'eau, mais aussi une grande quantité de produits chimiques, comme fertilisants ou pesticides. Il en résulte une contamination intensive des nappes phréatiques, des rivières et même des mers et un danger réel de manque d'eau potable pour les populations. En plus, les petits paysans sont expulsés et nombreuses communautés indigènes perdent la terre de leurs ancêtres, ce qui provoque des conflits sociaux, souvent violents. Si les plans se réalisent d'ici 2020, des dizaines de millions d'hectares seront affectées aux monocultures d'agrocombustibles en Asie, Afrique et Amérique latine, continents dans lesquels se trouvent la majorité des presque mille millions de personnes souffrant de la faim sur la planète. Tout cela pour un résultat marginal en termes de production d'énergie.

Pour la réalisation de ces projets, nous assistons à un double phénomène, d'une part l'entrée du capital financier et spéculatif dans le secteur de l'agroénergie et d'autre part, l'accaparement de terres, spécialement en Afrique. En Guinée-Bissau, il existe un plan de conversion de 500.000 hectares, c'est-à-dire le septième de la surface du pays, en culture de *Jatropha*, pour la production d'agrodiesel. Le capital serait apporté par les casinos de Macao (lusophones comme en Guinée-Bissau, ce qui facilite les contacts d'affaires) et le principal actionnaire de la banque chargée de l'opération est le Premier ministre. Jusqu'à présent, la résistance paysanne et les doutes de différents ministres (y compris le Premier ministre), ont stoppé cette initiative, mais on ignore pour combien de temps. Il existe des dizaines de projets similaires dans plusieurs autres pays comme en Tanzanie, Togo, Bénin, Cameroun, Congo, Kenya, etc.

En octobre 2010, le Président Lula, M. Herman Van Rompuy (président du Conseil de l'Europe) et M. José Manuel Barroso (président de la Commission européenne) ont signé, à Brasilia, un accord pour le développement de 4.800.000 hectares de canne à sucre au Mozambique (ce qui représente aussi le septième des terres arables de ce pays), avec la technologie brésilienne et le financement européen, en vue de fournir de l'éthanol à l'Europe pour que cette dernière puisse accomplir son plan d'utilisation d'énergie "verte", et cela sans se préoccuper des effets sur l'environnement naturel et pour les populations.

Le développement des agrocombustibles correspond à l'oubli des externalités écologiques et sociales, ce qui est typique de la logique du capitalisme. Il s'agit d'un calcul à court terme, qui ne prend pas en compte des coûts non supportés par le marché, mais bien par la nature, les sociétés et les individus. Ces pratiques correspondent aussi aux lois de l'accumulation et aux intérêts immédiats du capital financier. En d'autres mots, il s'agit d'un projet typiquement capitaliste.

La crise climatique

La crise climatique est assez connue et les informations sont chaque jour plus précises, grâce aux diverses conférences des Nations Unies sur le climat, sur la biodiversité, les glaciers, etc. Rappelons seulement l'essentiel de la situation. En même temps que le modèle actuel de développement produit l'émission croissante de gaz à effets de serre (spécialement du CO2), on détruit les puits de carbone, c'est-à-dire les lieux naturels d'absorption de ces gaz, en particulier les forêts et les océans. En plus, la destruction des écosystèmes par l'utilisation massive des produits chimiques, les monocultures, l'exploitation des ressources naturelles, comme le pétrole, le gaz, les minerais, provoque des dégâts irréversibles qui peuvent même affecter le climat.

Il faut ajouter deux aspects qui n'ont pas toujours été soulignés. Le premier est la "dette écologique". Depuis le début du capitalisme mercantile, s'organisa l'exploitation des ressources naturelles du Sud, avec un coût humain et écologique énorme. Les "externalités" de ces pillages ont été payées intégralement par les régions colonisées. L'indépendance politique de ces pays ne changea pas la logique du rapport. Au cours des dernières années, l'accaparement des terres et la surexploitation minière pour satisfaire les nécessités du Nord se sont accélérées, provoquant des désastres écologiques, sans parler des conflits sociaux. Ainsi, la dette écologique doit s'ajouter au phénomène de la dette extérieure publique et privée des pays du Sud. Il serait juste que les consommateurs des produits extraits du Sud, soient ceux qui paient les conséquences des "externalités (dommages écologiques et sociaux). En effet, de cette manière, ils ont véritablement contracté une dette. L'autre aspect est constitué par les coûts écologiques des activités militaires. Tout d'abord, les guerres représentent un gaspillage gigantesque qui affecte la nature par les destructions écologiques des bombardements, l'utilisation de produits chimiques[1] et l'émission de CO2. Par ailleurs, la production d'armements signifie un usage de matériaux qui épuise la richesse naturelle de la terre et le processus de leur production émet des gaz à effets de serre. On ne dépense pas quelques 1.000 milliards de dollars chaque année, sans de graves dommages pour les écosystèmes.

Le réchauffement de la planète augmente et l'élévation du niveau des mers s'accentue. L'empreinte écologique est telle que, selon les

---

1   L'agent orange utilisé pendant la guerre du Vietnam pour détruire les forêts où combattait la guérilla su Sud y cause, 40 ans après, de nombreux dommages et affecte des milliers d'enfants qui naissent infirmes à cause de l'accumulation des produits toxiques.

calculs d'un organisme spécialisé dans le domaine, en 2010, vers la moitié du mois d'août, la planète avait épuisé sa capacité de rénovation naturelle. Comme nous ne pouvons disposer que de cette planète, cela implique que le modèle n'est pas durable. En outre, selon le rapport présenté en 2006 au gouvernement britannique par le docteur Nicolas Stern, si la tendance actuelle se maintient, on comptera, vers la moitié du XXIe siècle, entre 150 et 200 millions de migrants climatiques dans le monde. Des calculs plus récents donnent une estimation plus élevée encore (N. Stern, 2006).

Tout cela débouche sur un panorama social dans lequel la richesse se concentre, incluant les pouvoirs de décision, économiques et politiques. Selon la PNUD, 20 % de la population mondiale absorbent plus de 80 % des ressources économiques mondiales. Il est vrai que plusieurs millions des personnes ont accédé, durant les dernières décennies, à ce niveau de consommation, mais elles représentent une minorité des plus de 6 milliards d'êtres humains. Les 20 % supérieurs ont un pouvoir d'achat très utile pour la reproduction du capital et sont un gage pour les produits financiers dérivés. Le reste de la population, comme le dit Susan George, constitue les "foules inutiles" (S. George, 2005). En effet, ils ne contribuent pas à la production d'une valeur ajoutée et ils ne disposent guère de pouvoir d'achat. Comme l'a reconnu la Banque mondiale, les distances sociales augmentent (Banque mondiale, rapport 2006). Ainsi se développe, comme résultat d'un désordre multiple, une situation globale de crise du modèle de développement. Certains se réfèrent même à une crise de civilisation qui se manifeste également par une urbanisation hors contrôle, par la crise de l'État, par l'extension de la violence pour résoudre les conflits et par plusieurs autres phénomènes du même ordre, ce qui pose évidemment la question des solutions qui permettront de sortir d'une situation mondiale aussi préoccupante. Différentes opinions se manifestent, essentiellement dans trois directions.[1]

---

1 En 2010, les 500 plus grandes fortunes de France ont connu 25 % d'accroissement de leurs avoirs, passant de 194 à 241 milliards d'euros, alors que la crise touchait de plein fouet les autres secteurs de la population (*Manila Buletin*, 08.07.11).

Quelles solutions ?

Changer les acteurs, non le système

Quelques-uns, préoccupés principalement par la crise financière, proposent de châtier et de changer les acteurs immédiats du gâchis économique, "les voleurs de poules", comme disait Michel Camdessus, l'ancien directeur du FMI. Une telle position exprime la vision théorique du système capitaliste (thèse néo-classique en économie) par laquelle on perçoit les crises comme des moments favorables au système, puisqu'elles permettent de se libérer des composantes faibles ou corrompues, afin de relancer le processus d'accumulation sur des bases saines. On change les acteurs pour ne pas changer le système.

Établir des régulations

Une seconde vision consiste à proposer des régulations. On reconnaît que le marché ne peut pas s'autoréguler et qu'on a besoin d'organes nationaux et internationaux pour accomplir cette tâche. L'État et les organismes internationaux spécifiques doivent intervenir. Le même Michel Camdessus, dans une conférence donnée aux entrepreneurs catholiques de France, disait qu'il faut trois mains : celle invisible du marché ; celle régulatrice de l'État et la main de la charité pour les victimes qui échappent à ces deux processus. L'un des principaux théoriciens de cette position fut John Maynard Keynes, l'économiste anglais. D'où l'expression de "néo-keynésianisme" dans le contexte actuel. Réguler le système signifie le sauver et, dans ce cas, redéfinir le rôle des institutions publiques (l'État et les institutions internationales) nécessaires pour la reproduction du capital, ce que le néolibéralisme des années 1970 semblait avoir oublié (E. Molina Moline, 2010, p. 25).

Nonobstant, les propositions concrètes sont très diverses. Par exemple, le G8 a proposé certaines régulations du système économique mondial, mais elles sont légères et provisoires. Au contraire, la Commission des Nations Unies sur la crise financière et monétaire a présenté une série de régulations bien plus avancées (J. Stiglitz, 2010).

Par exemple, elle proposa la création d'un Conseil global de coordination économique, en parallèle avec le Conseil de sécurité, tout comme la création d'un panel international d'experts, afin d'assurer le suivi permanent de la situation économique mondiale. D'autres recommandations traitaient de l'abolition des paradis fiscaux et du secret bancaire, ou bien des exigences plus larges de réserves bancaires et un contrôle strict des agences de notation. Elle incluait aussi une reforme approfondie des institutions de Bretton Woods et la possibilité de créer des monnaies régionales au lieu de conserver le dollar américain comme seule monnaie de référence. Suivant les termes de ce rapport, toutes ces mesures avaient un objectif : la promotion d'une "nouvelle et robuste croissance". Il s'agissait de mesures assez fortes contre l'idéologie néolibérale. Cependant, la conférence des Nations Unies de juin 2009 sur ce thème n'a adopté que quelques mesures prudentes qui ont été rapidement interprétées de manière minimaliste par les grandes puissances occidentales.

Certes, la Commission Stiglitz a fait quelques références à d'autres aspects de la crise, comme le climat, l'énergie ou l'alimentation, tout comme elle a utilisé l'expression "soutenable" pour qualifier la croissance à récupérer. Cependant, les mesures de régulation qu'elle a proposées ne répondent pas de manière suffisamment approfondie à la question des finalités de la croissance : réparer le système économique, pour quoi faire ? S'agit-il de développer, comme auparavant, un modèle destructeur de la nature et socialement déséquilibré ? Il est fort probable que les propositions de la Commission pour la réforme du système monétaire et financier s'avéreraient efficaces pour sortir de la crise financière, et même bien plus efficaces que toutes les mesures prises jusqu'à présent, mais est-ce suffisant pour répondre aux défis globaux contemporains ? La solution proposée demeure à l'intérieur du capitalisme, un système historiquement épuisé, même s'il dispose encore de moyens d'adaptation. La transition vers un système construit sur d'autres bases requiert, évidemment, des régulations, mais pas n'importe lesquelles. Celles-ci doivent déboucher sur la création d'une autre situation et non viser à adapter le système aux nouvelles circonstances.

Chercher des alternatives au modèle prévalant

C'est pourquoi une troisième position s'impose : remettre en question le modèle de développement. La multiplicité des crises, devenues plus aiguës ces derniers temps, résulte d'une même logique de fond : (1) une conception du développement qui ignore les "externalités" (c'est-à-dire les dommages naturels et sociaux) ; (2) l'idée d'une planète inépuisable ; (3) la priorité donnée à la valeur d'échange sur la valeur d'usage ; et (4) l'identification de l'économie avec le taux de profit et l'accumulation du capital, créant d'énormes inégalités. Ce modèle est à l'origine d'un développement spectaculaire de la richesse mondiale mais il est arrivé à la fin de sa fonction historique, par son caractère destructeur de la nature et par l'inégalité sociale qu'il a engendrée. Ce modèle ne peut se reproduire ou bien, suivant une expression contemporaine, il n'est déjà plus durable. Comme l'écrit Wim Dierckxsens, "la rationalité économique du capitalisme tend non seulement à nier la vie d'une large majorité de la population mondiale, mais aussi à détruire la vie naturelle qui nous entoure" (W. Dierckxsens, 2011).

L'économiste argentin Jorge Beinstein affirme que, durant les quatre dernières décennies, il y a eu une décadence du capitalisme à l'échelle mondiale (chute du secteur productif), voilée durant une période par le développement artificiel du secteur financier et par l'importance des dépenses militaires (J. Beinstein, 2009, p. 13). C'est pourquoi, il est clair qu'on ne saurait penser seulement à des régulations, il faut envisager des alternatives. Celles-ci ne sont pas le fruit de réflexions purement théoriques. Elles doivent déboucher nécessairement sur des politiques concrètes à long terme, mais aussi à court et moyen terme.

Parler d'alternatives au modèle économique capitaliste qui est aujourd'hui prévalant dans tous les domaines – en raison de sa globalisation et de ses dimensions sociales, de genre, politiques et culturelles – signifie revoir le paradigme de base de la vie collective de l'Humanité sur la planète tel qu'il fut défini par la logique du capitalisme. Cette dernière se compose de quatre éléments que nous pouvons appeler les fondamentaux, parce qu'ils font partie des exigences vitales de toute société, des plus anciennes aux contemporaines. Rappelons qu'il s'agit : (1) des rapports avec la nature ; (2) de la production des bases matérielles de la vie physique, culturelle et spirituelle ; (3) de l'organisation collective sociale et politique ; (4) de la lecture du réel et l'auto-implication des acteurs dans sa construction, c'est-à-dire la culture. Chaque société doit les mettre en pratique.

Le paradigme actuel qui oriente la construction du monde contemporain se résume en un mot : la modernité. Celle-ci est le fruit d'une transformation profonde de la société et de la culture européenne qui, à partir du XIIIe siècle, a défini son propre paradigme. Il signifia une avancée que l'on ne peut nier (Bolivar Echeverria, 2001). Cependant, la modernité n'est pas une abstraction sociale née du hasard ou de nulle part. Il s'agit d'un mode vie collective sur la planète, avec ses bases matérielles et sociales et sa production d'idées. Il s'est bien établi dans l'histoire tout en se manifestant par un processus dialectique de contradictions. L'émancipation de la personne, les Droits de l'Homme, l'idée de la démocratie, le progrès de la science et de ses applications technologiques sont quelques-uns de ses fruits. Cependant, l'hégémonie du marché capitaliste et l'imposition de ses lois ont réduit la plupart de ces avancées à des privilèges de classes ou à des rapports coloniaux, brutalement maintenus pendant cinq siècles. De nombreuses luttes sociales ont permis à une partie des groupes subalternes de s'introduire dans les avantages de la modernité, mais sans changer le paradigme. Or, celui-ci, par ses contradictions, a mis en danger les quatre fondamentaux de la vie collective de l'Humanité sur la terre. Avec la distance établie entre l'humain et la nature, le paradigme de la modernité a débouché sur la surexploitation de la nature, c'est-à-dire la dévastation de la source de la vie (la Terre-Mère). Il a donné naissance à l'économie de marché capitaliste qui envahit par sa logique tous les secteurs de la vie. Sur le plan politique, l'État jacobin nait de cette vision. Sur celui de la culture, l'exacerbation de l'individualisme fut établie comme un impératif éthique, conjointement avec la conception du progrès illimité de l'Humanité, vivant sur une planète inépuisable et capable de résoudre les contradictions par la science et la technologie. Ce modèle a orienté le modèle de développement, y compris des sociétés socialistes du XXe siècle.

L'hégémonie globale de ce projet s'est manifestée très tôt par la destruction, l'absorption ou la soumission de tous les modes de production précapitalistes, par les diverses entreprises coloniales, par l'imposition de l'échange inégal entre le centre et les périphéries et, finalement, par ce qu'on a appelé récemment la "mondialisation", qui a conduit à l'identification des concepts de croissance et d'occidentalisation, c'est-à-dire à la généralisation universelle des dernières formes d'hégémonie du capital.

Le post-modernisme fut une réaction contre ce modèle. Cependant, la pensée postmoderne, qui s'est développée depuis la seconde moitié du XXe siècle, comporta aussi une critique particulièrement ambiguë de la modernité, se limitant généralement aux sphères culturelles et politiques (M. Maffesoli, 1990). La vision de l'histoire comme une construction dans l'immédiat par des acteurs individuels, le refus de reconnaître l'existence des structures et la négation de la réalité des systèmes définis exclusivement par leurs caractéristiques verticales, jusqu'à la volonté explicite de ne pas accepter de théories en sciences humaines, ont fait de ce courant de pensée un enfant illégitime de la modernité, conduisant à la dépolitisation. Le post-modernisme s'est transformé en une idéologie très fonctionnelle au néolibéralisme. Alors que le capitalisme a édifié les nouvelles bases matérielles de son existence en tant que "système-monde" – selon l'expression d'Immanuel Wallerstein – nier l'existence même des systèmes était très utile pour les avocats du "Consensus de Washington". Il est important de critiquer la modernité, mais avec une approche historique et dialectique (acteurs en interaction, possédant divers niveaux de pouvoir) et avec le désir de récupérer le caractère émancipateur qu'elle signifia à un moment de l'histoire européenne. On ne peut identifier la modernité au capitalisme, mais on ne peut non plus parler de modernité sans inclure le capitalisme.

Pour cette raison, la reconstruction d'un cadre théorique cohérent est un impératif, sur la base des apports des divers courants de pensée, tant d'ordre philosophique que des sciences physiques, biologiques et sociales. Il est important de définir le lieu de chaque nouvelle initiative dans l'ensemble, donnant ainsi une cohérence à ce qui pourrait paraître comme une série d'actions séparées, sans grands rapports entre elles (l'empirisme). Cela vaut aussi pour les politiques internationales.

Comme il a été dit précédemment, les fondements de la vie collective de l'Humanité sur la planète sont quatre : le rapport avec la nature ; la production de la base matérielle de la vie (économie) ; l'organisation collective, sociale et politique ; et la lecture ou expression symbolique du réel. C'est l'accomplissement d'un nouveau paradigme au sein de ces quatre éléments, que nous appelons la réalisation du "Bien commun de l'Humanité", c'est-à-dire la reproduction de la vie. Il s'agit d'un objectif à poursuivre de manière permanente et qui n'est pas défini une fois pour toutes, parce que les circonstances historiques modifient le contexte. Cependant, la crise actuelle requiert une réflexion radicale (portant sur les racines de la crise) (I. Mészaros, 2008, p. 86), ce qui signifie une réorientation profonde face au paradigme du capitalisme. Le concept de "Bien commun de l'Humanité" possède plusieurs expressions historiques différentes, suivant les traditions de pensée et les expériences collectives des peuples, par exemple dans les philosophies et les religions orientales et celles des peuples indigènes des Amériques (le *Sumak Kawsai* ou le *Buen Vivir*), tout comme dans la tradition marxiste du système des besoins et capacités universel (A. Salamanca Serrano, 2011, p. 46 et S. Mercier-Jesa, 1982).

Le nouveau paradigme

En résumé, nous pouvons dire que le paradigme de développement humain exprimé par la modernité est un progrès matériel et scientifique indéfini, sur une planète inépuisable à la disposition exclusive des êtres humains, afin que ces derniers puissent profiter avec toujours plus de liberté, de biens et de services. Ce mode de vie s'appuie sur l'efficacité d'une économie de compétition (élément particulièrement masculin) et arrive à son épuisement, par le poids de ses contradictions sociales et écologiques. D'où la nécessité d'un changement radical pour assurer à long terme la continuité de la vie de la terre et de l'Humanité. Il ne s'agit pas de retourner aux cavernes, sinon de redéfinir pour les temps qui viennent, les fondamentaux de la vie collective de l'Humanité sur la terre.

Le nouveau paradigme propose, comme option fondamentale, une dynamique sociale équilibrée entre personnes, genres et groupes sociaux, en harmonie avec la nature, afin de promouvoir la vie et d'assurer sa reproduction. Il s'agit de "vivre bien", de réaliser le "Bien commun de l'Humanité", ce qui implique, comme premier pas, le respect de l'intégralité de la nature comme source de la vie (la Terre-Mère).

Sa construction et ses applications dans les fondamentaux de la vie collective de l'Humanité sur la planète sont des processus. Il ne s'agit pas seulement d'un exercice académique mais aussi d'une élaboration sociale dans laquelle la pensée a une place essentielle et également l'expérience concrète, en particulier les luttes sociales. Celles-ci correspondent, dans chaque cas, à une faille dans l'accomplissement du "Bien commun de l'Humanité" et à une recherche de solution. Comme la globalisation destructive du capitalisme a exercé sa suprématie dans les économies, les sociétés et les cultures du monde, sans pour autant éliminer totalement leurs spécificités, la tâche de reconstruction revient à tous, hommes et femmes, suivant leurs caractéristiques sociales et leurs expériences historiques. On ne saurait exclure personne de cet effort commun de réélaboration des conditions de la vie.

En fait, ce paradigme n'est pas aussi nouveau qu'il n'apparait. Dans les sociétés précapitalistes du monde entier, nous avons connu des références de ce type, c'est-à-dire une vision complète (holistique) de la destinée humaine sur la terre. Dans bien des cas, celle-ci s'exprima en termes religieux, aussi bien dans les traditions à base philosophique (taoïsme, confucianisme, hindouisme, bouddhisme, judaïsme, christianisme, islam) que dans les religions traditionnelles des peuples originaires. Il s'agit d'en redécouvrir, en termes contemporains, pour les diverses sociétés d'aujourd'hui, les perspectives adéquates et les traductions concrètes.

Redéfinir les rapports avec la nature : de l'exploitation au respect comme source de vie

La civilisation moderne, avec son important contrôle sur la nature et son haut niveau d'urbanisation, a fait oublier aux êtres humains, qu'en dernière instance, ils dépendent de la nature pour vivre. Les changements climatiques nous rappellent, parfois avec brutalité, une telle réalité. Il s'agit alors de définir ce rapport non pas comme l'exploitation de la Terre en tant que source de richesses naturelles pouvant être réduites au statut de marchandises, mais bien comme source de toute forme de vie, donc dans une attitude de respect de ses capacités de régénération physiques et biologiques. Évidemment, cela signifie un changement philosophique radical. Il s'agit de critiquer le caractère purement utilitaire du rapport à la nature, lequel, dans le capitalisme, est poussé à l'extrême, jusqu'à considérer que les destructions écologiques sont des dommages collatéraux (destinés éventuellement a être réduits), mais inévitables, ou – ce qui est pire encore – comme des "externalités", puisqu'ils n'entrent pas dans les calculs du marché et, en conséquence, ne sont pas pris en compte dans le processus d'accumulation du capital.

Certains auteurs vont encore plus loin, critiquant l'approche anthropocentrique de telles perspectives (E. Gudymas, 2009, p. 68) et proposant de nouveaux concepts, tel que le "droit de la nature", position défendue par le théologien brésilien Leonardo Boff (2000) dans divers travaux. C'est sur cette base que le président de l'Assemblée générale des Nations Unies, Miguel D'Escoto, a proposé en 2009, dans son discours d'adieu, une Déclaration universelle des Droits de la Terre-Mère et de l'Humanité. La même assemblée avait approuvé précédemment – à l'unanimité des voix des 192 pays représentés – l'adoption d'un jour de la Terre-Mère. On rappelait ainsi, avec raison, que l'être humain fait partie de la nature et qu'il ne faut pas établir une dichotomie entre eux, mais bien une symbiose. Différents défenseurs de cette position estiment que seule une attitude anthropocentrique peut considérer l'être humain comme le centre du monde, sans prendre en considération les autres êtres vivants et même la planète, ce qui produit les effets écologiques négatifs que nous commençons à connaître de manière dramatique.

Cependant, ce qu'on appelle le "Bien commun de la Terre" ne peut être abordé sans la médiation du genre humain. En effet, c'est seulement par ce biais que l'on peut se poser le problème de la possibilité (ou l'impossibilité) de régénération de la Terre, face à l'activité prédatrice et destructrice de l'homme. C'est pourquoi, le "Bien commun de l'Humanité" passe par la survivance de la nature, c'est-à-dire la préservation de la biodiversité. On ne saurait parler de "droits de la nature" (E. Gudynas, 2009) que dans un sens dérivé et secondaire, puisque c'est seulement le genre humain qui peut exprimer cette réalité en ces termes, c'est-à-dire enfreindre ou respecter ces "droits". Ni la Terre, ni les animaux ne peuvent revendiquer le respect de leurs droits.

Les êtres humains sont les responsables de la destruction des écosystèmes. Dans ce sens, on peut utiliser, selon le juriste Antonio Salamanca, les catégories de "droit titulaire ou de droit vicaire", que la communauté humaine doit exercer au nom des "non capables" (animaux, enfants non nés, handicapés) qui pour la reproduction de leur vie nécessitent la médiation humaine. Une telle position n'est pas anthropocentrique, mais "anthroporesponsabilisante". De cette manière, par un processus d'élargissement du sujet juridique, on peut parler de justice climatique, sans passer nécessairement par la personnalisation de la terre et de ses éléments. En même temps, on ne peut ignorer qu'il existe un lien entre les rapports que les êtres humains ont avec la nature et les rapports de classes. Toutes les classes sociales ne se comportent pas de la même façon face à la terre. Il s'agit d'un rapport de pouvoir, mis en pratique par la logique du capitalisme.

De toute manière, le principe est la possibilité pour la planète d'être durable, c'est-à-dire de conserver l'intégrité de sa biodiversité et de pouvoir se régénérer face aux activités humaines. L'être humain peut aussi embellir la nature, en utilisant ses richesses végétales pour créer de nouveaux paysages et jardins, utilisant ses éléments pour produire de la beauté. La Terre est aussi généreuse et peut contribuer, même avec des éléments non renouvelables, à la production et la reproduction de la vie. Cependant, c'est totalement différent de l'exploitation de la Terre dans le but de produire un taux de profit.

Dans les grandes traditions philosophiques de l'Orient, l'union profonde de l'être humain et de la nature est une caractéristique de la pensée. Le respect de toute vie, propre à l'hindouisme ou au bouddhisme, traduit cette conviction, tout comme leur croyance en la réincarnation comme expression de l'unité de la vie et de sa continuité. La croyance que l'homme a été créé à partir de la boue (la terre), propre à la tradition judéo-chrétienne et reprise par l'islam, exprime la même idée. La Bible présente l'homme comme le gardien de la nature (Gen. 1, 26-28). Même si on y affirme que la nature est au service de l'homme, cela exclut évidemment sa destruction. Il est possible de trouver des conceptions similaires dans plusieurs mythes de la création de diverses cultures africaines et américaines.

Chez les peuples indigènes du continent américain, le concept de Terre-Mère (*Pacha Mama*) est central. Source de vie, la Terre est personnalisée et sa représentation inclut des caractéristiques anthropomorphiques. Les éléments de la nature ont aussi une personnalité et ils sont objet des rites shamaniques. Lors du Sommet sur le climat à Cochabamba (Bolivie) en 2010, divers textes (le document préparatoire et diverses interventions de groupes ou de personnes) sont allés au-delà du caractère métaphorique de l'expression Terre-Mère, en attribuant à la Terre les caractéristiques d'une personne vivante, capable d'écouter et de réagir, d'être aimée, et, en conséquence, d'être un sujet de droits. La déclaration finale de ce Sommet appelait à la sagesse et aux savoirs ancestraux afin de "reconnaître la Terre-Mère comme une créature vivante, avec laquelle nous avons un rapport indivisible, interdépendant, complémentaire et spirituel". Il s'agissait d'une réaffirmation forte du lien entre la nature et l'Humanité, exprimée dans le cadre de la cosmovision des peuples indigènes qui, par ailleurs, soulignait aussi le caractère maternel (féminin) du rapport.

En réalité, force est de constater que, face à la logique du capitalisme, au développement de l'urbanisation et à l'attraction qu'exerce la consommation irrationnelle, les grandes philosophies orientales et les traditions des peuples originaux ont difficile à résister. Elles se transforment rapidement, voire même disparaissent du panorama culturel, comme c'est le cas des "Tigres" asiatiques en Chine et au Vietnam, et même parmi les peuples indigènes du continent américain ou parmi les peuples africains. Le néolibéralisme a accentué ce phénomène à l'échelle mondiale. Nombreux sont les peuples pour lesquels la participation aux valeurs de la culture dominante a été une aspiration individuelle et collective largement assumée. Ce qui s'est passé avec les classes subalternes européennes et avec le christianisme – premier système religieux à se confronter au capitalisme – se répète dans d'autres lieux : la contamination idéologique est un fait réel.

Cependant, aujourd'hui, des peuples autochtones réutilisent des concepts traditionnels en tant qu'instruments de mémoire historique, de reconstruction culturelle et d'affirmation d'identité, ce qui peut être très utile à la critique de la logique du capitalisme. Il y a une certaine fierté à pouvoir se référer aux cultures historiques et à recourir à leurs concepts pour enclencher un processus de reconstruction sociale. Cependant, il y a aussi un danger de tomber dans un fondamentalisme paralysant, orienté davantage vers le passé que vers l'avenir.

Les références à la *Pacha Mama* (Terre-Mère) ou au *Sumak Kawsai* (*Buen Vivir*), ou "Bien vivre" des peuples Kichwas, ou celles au *Suma Qamaña* (*Convivir Bien*) ou "bonne convivance", des peuples Aymara. (X. Albó, 2010, pp. 54-55) appartiennent à ces catégories. Ce sont des concepts fondateurs des peuples indigènes, qui signifient dans leurs conditions historiques concrètes, des cosmovisions et des pratiques de respect de la nature et de vie collective partagée. Elles peuvent inspirer la pensée et l'organisation sociale contemporaines et redonner de la force au symbole. Cependant, leur efficacité est fonction des adaptations nécessaires, "de telle manière – comme écrit Diana Quiroga Suarez – que la transformation ait la possibilité de combiner ce qu'il y a de mieux dans la connaissance ancestrale et moderne, avec les savoirs et technologies en phase avec le fonctionnement de la nature." (D. Quirola Suarez, 2009, p. 107).

Il ne s'agit pas, évidemment, de remettre en question la nécessaire harmonie entre la nature et le genre humain, ni d'avaliser la conception capitaliste d'exploitation de la nature en fonction d'un développement conçu comme une simple croissance matérielle illimitée. Il ne s'agit pas non plus de nier la nécessité de revoir la philosophie de ce rapport qui ignore les autres espèces vivantes, ainsi que la capacité de reproduction de l'équilibre de la nature. Finalement, on ne peut mépriser et marginaliser des cultures qui peuvent, de nos jours, apporter à l'Humanité une critique salutaire, tant du rapport d'exploitation transmis par la logique du capitalisme que de l'individualisme exacerbé du modèle de consommation et d'autres comportements qui caractérisent cette logique. Cependant, il faut reconnaître qu'il existe des cultures différentes. Vouloir exprimer le changement nécessaire uniquement dans les termes d'une pensée symbolique, qui identifie le symbole avec la réalité, signifie s'affronter à d'autres cultures qui se caractérisent par une pensée analytique, replaçant la causalité des phénomènes dans leurs domaines respectifs, physique ou social.

Ces deux types de cultures coexistent aujourd'hui. Celles du premier type ont une richesse expressive qui rappelle la force du symbole et l'importance de l'idéal, particulièrement en ce qui concerne les rapports avec la nature. Elles apportent aussi des paramètres pratiques qui peuvent parfaitement être traduits en savoirs, comportements et politiques, mais accompagnés d'une cosmovision difficilement assimilable par une culture urbaine n'importe où dans le monde. Celle du second type, qui a certainement réduit la culture à une rationalité instrumentale ou à une pure "superstructure" (la cerise sur le gâteau, comme le dit l'anthropologue Maurice Godelier) en renforçant ainsi la logique du capitalisme et en contribuant à sa reproduction, a aussi permis un développement important de la connaissance, utile pour résoudre les problèmes pratiques et politiques. Dans la lutte contre le capitalisme globalisé qui conduit l'Humanité et la planète au désastre, il ne serait pas sage de s'exprimer en un seul type de langage culturel. Au contraire, c'est le moment d'appliquer le principe de l'interculturalité dans toutes ses dimensions.

Nous avons fait allusion (plus haut) à l'apport de Karl Marx. Pour lui, le capitalisme provoque une séparation artificielle et mécanique entre la nature et l'être humain. La rupture du métabolisme, c'est-à-dire de l'échange matériel entre la terre et la satisfaction des besoins des êtres humains, tel que défini par le processus d'accumulation du capital, a débouché sur des pratiques irrationnelles, des gaspillages et des destructions (*Le Capital*, vol. 1, p. 637-638, cité par Gian Delgado, 2011). Pour cette raison, selon Marx, il faut réduire les flux énergético-matériels de manière socialement juste afin d'accroître la qualité de la vie. Selon lui, seul le socialisme pourra rétablir l'équilibre du métabolisme et mettre fin à la destruction de la nature.

L'affirmation d'une nouvelle conception des rapports avec la nature entraine de nombreuses conséquences pratiques. Nous allons en citer quelques une à titre d'exemples en les regroupant en trois parties : les prohibitions ou limitations ; les initiatives positives ; les implications de cette affirmation dans une politique des relations internationales.

Dans la première partie, l'application consiste à refuser la propriété privée de ce qu'on appelle les "ressources naturelles", c'est-à-dire les minerais, les énergies fossiles, les forêts. Il s'agit d'un patrimoine commun de l'Humanité qui ne peut faire l'objet d'appropriation par des individus ou des firmes au sein de la logique économique du marché capitaliste, c'est-à-dire en fonction d'intérêts privés ignorant les externalités et orientés par la maximisation des profits. Dans une période de transition, un premier pas consiste à la récupération de la souveraineté des États sur ces ressources, mais même cela n'est pas une garantie d'un bon rapport avec la nature. Des entreprises étatiques agissent souvent avec la même logique et dans le même sens que les entreprises capitalistes, c'est pourquoi la souveraineté des États devrait intégrer la philosophie du respect de la nature et non de l'exploitation. L'internationalisation de ce secteur serait le pas suivant, conditionné cependant par une réelle démocratisation des institutions de cette catégorie (les Nations Unies et ses organes), qui, dans de nombreux cas, sont aujourd'hui sous l'influence des pouvoirs politiques et économiques dominants. Dans cette même perspective se situe l'exigence d'introduire les coûts écologiques de toute activité humaine dans les calculs économiques, ce qui permettrait de les réduire et de contrecarrer la rationalité instrumentale qui exclut les externalités, ce qui constitue l'un des fondements du caractère destructeur du capitalisme.

Un autre aspect de cette première partie est le refus de la marchandisation des éléments nécessaires à la reproduction de la vie, comme l'eau et les semences. Il s'agit de "biens communs" qui doivent être retirés de la logique de la marchandise pour entrer dans une perspective de gestion commune – suivant diverses modalités – ce qui n'implique pas nécessairement l'étatisation, mais bien le contrôle collectif. Plus concrètement, ce principe devrait impliquer que l'on mette fin aux monocultures qui préparent les zones désertiques du futur, en particulier en matière d'aliments pour le bétail et d'agro-combustibles. L'adoption d'un impôt sur les kilomètres parcourus par les produits industriels ou agricoles pour parvenir à l'utilisateur-consommateur final serait de nature à réduire l'utilisation d'énergie, mais aussi la pollution des mers. On pourrait aussi réfléchir à d'autres mesures similaires.

Une première proposition positive pourrait être l'élargissement des réserves de biodiversité à de nouveaux territoires. La promotion de l'agriculture organique pourrait faire partie de ce projet, tout comme l'amélioration de l'agriculture paysanne, plus efficace à long terme que le productivisme capitaliste (O. De Schutter, 2011). Il faudrait aussi exiger l'allongement de "l'espérance de vie" de tous les produits industriels, ce qui permettrait une épargne de matières premières, d'énergie et une diminution de l'émission des gaz à effets de serre (W. Dierckxsens, 2011).

Finalement, en matière de politique internationale, la lutte contre les orientations de base des institutions financières qui contredisent le principe du respect de la nature comporte un grand nombre de chapitres. Il s'agit de la Banque mondiale, du Fond monétaire international, des banques régionales et aussi des banques privées, si puissantes dans ces temps de financialisation de l'économie mondiale. Les orientations de l'Organisation mondiale du commerce (OMC) en faveur de la libéralisation du commerce mondial présentent aussi des versants écologiques, puisque celle-ci se réalise en ignorant les externalités. Les pays membres de l'OMC ont une grande responsabilité dans ce domaine et des alliances entre des nations écologiquement conscientes pourraient avoir une influence sur les décisions prises par cet organisme.

La promotion d'accords internationaux est un autre domaine de grande importance. On peut citer, à titre d'exemple et parmi d'autres, les accords sur le climat (conférence de Cancún), sur la biodiversité (conférences de Bonn et de Nagoya), sur la protection des eaux (rivières et mers), sur la pêche et sur les déchets (en particulier les déchets radioactifs). Le degré de sensibilité à cette dimension du nouveau paradigme serait à la base de l'efficacité internationale des États progressistes et devrait figurer dans leurs agendas de politique extérieure.

La redéfinition du "Bien commun de l'Humanité" en fonction du rapport avec la nature est donc une tâche essentielle face aux dommages écologiques et à leurs conséquences sur la capacité de régénération de la planète et sur l'équilibre climatique. Cela constitue un fait nouveau dans la conscience collective qui est encore loin d'être partagé par tous les groupes humains. Les sociétés socialistes n'ont pas intégré réellement cette dimension dans leurs perspectives et cela peut se constater, encore de nos jours, dans le développement économique spectaculaire d'un pays comme la Chine qui se déploie sans prêter grande attention – du moins dans l'immédiat – aux externalités. Le socialisme du XXIe siècle devra intégrer cet aspect comme élément central.

Réorienter la production des bases de la vie, en privilégiant la valeur d'usage sur la valeur d'échange

Le changement de paradigme en rapport avec l'économie consiste à privilégier la valeur d'usage plutôt que la valeur d'échange, comme le fait le capitalisme. On parle de valeur d'usage lorsqu'un bien ou un service acquiert une utilité pour satisfaire les nécessités de la vie de chacun. On dit qu'un bien ou un service constitue une valeur d'échange lorsqu'il fait l'objet d'une transaction. La caractéristique d'une économie marchande est de privilégier la valeur d'échange. Pour le capitalisme, la forme la plus développée de la production marchande, celui-ci constitue la seule "valeur". Un bien ou un service qui ne peut être converti en marchandise n'a pas de valeur puisqu'il ne contribue pas à l'accumulation du capital, ce qui est la finalité et le moteur de l'économie (M. Godelier, 1982). Dans cette perspective, la valeur d'usage est secondaire et, comme l'écrit István Mészaros, "elle ne peut acquérir le droit d'exister que si elle s'ajuste aux exigences de la valeur d'échange." (I. Mészaros, 2008, p. 49). On peut produire des biens sans aucune utilité à condition qu'ils soient payés (par exemple, l'explosion des dépenses militaires ou les éléphants blancs de la coopération internationale), tout comme on peut créer des besoins artificiels par la publicité (W. Dierckxsens, 2011), ou encore élargir les services financiers en créant des bulles spéculatives. Par contre, en mettant l'accent sur la valeur d'usage, le marché est mis au service des besoins humains.

De fait, le concept de nécessité est relatif. Il change avec les circonstances historiques et le développement des forces productives. Le principe est que tous les êtres humains ont le droit de satisfaire leurs nécessités vitales. C'est ce que la Déclaration universelle des Droits de l'Homme affirme de manière emphatique. Cependant, cela ne se réalise pas dans l'abstrait, sinon dans des circonstances économiques, sociales, politiques, bien définies. La relativité ne peut signifier des inégalités injustes, les uns ayant plus de nécessités que les autres en fonction de leur appartenance de classe, de genre et ethnique. La satisfaction des nécessités de base doit être définie par la communauté humaine à divers niveaux en fonction d'un processus démocratique et par des organismes compétents (parlements nationaux et internationaux, assemblées représentatives). C'est ce qu'on pourrait appeler l'établissement d'une "économie morale", c'est-à-dire soumise à des impératifs éthiques qui contredisent la prédominance de la valeur d'échange comme source d'accumulation du capital, fin ultime de l'économie et donc la seule valeur.

Cela est impossible sans remettre en question la propriété privée des principaux moyens de production, car c'est elle qui permet l'exercice du pouvoir de décision par les (et en faveur des) détenteurs des biens de capital et qui détermine la subordination du travail, d'une manière réelle au sein même du processus de production (par le salaire) ou formelle (indirectement, à travers de mécanismes comme les politiques monétaires, les déficits et la dette des États, la spéculation sur les prix des denrées alimentaires ou de l'énergie, les privatisations des services publics, etc.).[1] Le contrôle exclusif du capital sur le processus de production est aussi à l'origine de la dégradation du travail lui-même (J. Benstein, 2009, p. 21) et, en particulier, de la dévalorisation du travail des femmes pourtant essentiel dans la reproduction de la vie dans toutes ses dimensions. Nonobstant, l'étatisation généralisée comme contre-proposition au marché total n'est pas une solution satisfaisante, comme nous l'enseignent les expériences socialistes du passé récent. Il existe une multitude de formes de contrôle collectif, depuis les coopératives jusqu'aux associations de citoyens.

Ceci nous conduit à proposer une définition totalement différente de l'économie. Il ne s'agit pas de produire une valeur ajoutée au bénéfice des propriétaires des moyens de production ou du capital financier. C'est une activité collective destinée à assurer les bases de la vie physique, culturelle et spirituelle de tous les êtres humains sur la planète. On ne peut donc accepter une économie mondiale ou nationale fondée sur l'exploitation du travail pour maximiser le taux de profit, pas plus que n'est acceptable une production de biens et de services destinés seulement aux 20 % de la population mondiale disposant d'un pouvoir d'achat élevé, laissant les 80 % autres exclus ou marginaux dans la répartition parce qu'ils ne génèrent pas de valeur ajoutée et ne disposent pas de revenus suffisants. Ainsi, redéfinir l'économie représente un changement fondamental. Évidemment, privilégier la valeur d'usage, ce qui implique un développement des forces productives, suppose l'adoption des paramètres du premier élément fondamental, celui du respect de la nature, tout comme de ceux que nous aborderons ci-dessous : la démocratie généralisée et l'interculturalité. Cette approche de l'économie n'exclut pas les

---

1 On estime que 70 % du travail dans le monde est informel, ce qui rend difficile l'organisation des travailleurs. Cependant, diverses initiatives existent aujourd'hui, comme au Nicaragua, la Confédération des travailleurs à compte propre (CTCP-FNT) affiliée à la Fédération nationale des travailleurs de Nicaragua (FNT) et à *Streetnet International* (Orlando Nuñez, 2011).

échanges nécessaires à la satisfaction des nouvelles valeurs d'usage, mais à deux conditions : qu'ils ne créent pas de déséquilibres dans l'accès local aux valeurs d'usage et qu'ils incluent les externalités.

Croissance et développement ne sont donc pas des concepts équivalents, ce qui, semble-t-il, a été oublié par les économistes néo-classiques et même par les néo-keynésiens. Comme l'affirme Jean-Philippe Peemans, professeur à l'Université catholique de Louvain, on a imposé "la logique de l'accumulation comme la seule logique du développement." (J.-Ph. Peemans, 2010, p. 33). Une nouvelle réflexion sous diverses formes d'expression commence à se répandre. L'une d'elles a été la reprise, par les peuples indigènes d'Amérique latine, du concept de *Buen Vivir* (*Sumak Kawsai*), qui correspond à une notion bien plus large du développement et qui implique non seulement le contraire d'une croissance prise comme une fin en soi, mais aussi l'idée de l'harmonie avec la nature (D. Quiroga, 2009, p. 105). Le Club de Rome avait proposé, dans les années 1960, la "croissance zéro", comme solution à ce que l'on percevait déjà comme une voie de développement "non durable". Dans l'Union soviétique des années 1950, Wolfgan Harsch avait publié un ouvrage très original, sous le titre de *Communisme sans croissance*.

L'idée fut reprise de manière bien plus radicale par Serge Latouche en France. Celui-ci a proposé, dans les années 1990, le concept "décroissance" qui a inspiré une série de mouvements, principalement dans les classes moyennes européennes, visant à réduire la consommation et respecter la nature. Bien que le contenu de ce concept soit positif et s'il est important de dénoncer le mythe prétendant que la croissance résoudra tous les problèmes (S. Latouche, 2010), la notion sous-jacente demeure très euro-centrique et limitée aux classes sociales ayant un fort niveau de consommation. Il semble assez indécent de prêcher la décroissance aux populations africaines, ou même auprès des couches sociales appauvries des sociétés industrialisées. Un concept comme celui de *Buen Vivir* ("Bien vivre") a une connotation positive bien plus large. Au Bhutan, sous l'influence du bouddhisme, c'est la notion de bonheur qui fut adoptée officiellement comme but politique et social. Ce cas peut paraître une petite île au milieu de l'océan du marché mondial, mais de tels exemples annoncent le développement d'une vision critique du modèle économique contemporain, avec une perspective nettement holistique.

Privilégier la valeur d'usage sur la valeur d'échange signifie aussi redécouvrir le territoire. La globalisation a fait oublier la proximité afin de favoriser les échanges globaux, ignorant les externalités et donnant la priorité au capital financier, le plus globalisé des éléments de l'économie, en raison de son caractère virtuel. Le territoire comme espace de l'activité économique, mais aussi comme lieu d'exercice de la responsabilité politique et d'échanges culturels, représente le lieu d'une autre rationalité. Il ne s'agit pas de le réduire à sa plus petite dimension mais bien de réfléchir en termes d'un espace multidimensionnel, où chacune des composantes – depuis l'unité locale jusqu'au globe – possède une fonction, sans noyer l'une dans l'autre. D'où les concepts de souveraineté alimentaire ou de souveraineté énergétique signifiant que les échanges sont soumis à un principe supérieur, la satisfaction des besoins à l'échelle du territoire (J.-Ph. Peemans, 2010). Dans la perspective du capitalisme, la loi de la valeur impose la priorité de la marchandisation, c'est pourquoi on privilégie, par exemple, les cultures d'exportation sur la production d'aliments pour la consommation locale. Le concept de sécurité alimentaire n'est pas suffisant car celle-ci peut être assurée au moyen d'échanges fondés sur la destruction des économies locales, l'hyperspécialisation de certains territoires et le transport mondialisé, grand consommateur d'énergie et pollueur de l'environnement.

Dans la même ligne, la régionalisation des économies à l'échelle mondiale est un pas favorable afin de couper les liens avec un centre capitaliste qui transforme le reste du monde en périphéries (y compris les économies émergentes). Cela vaut aussi bien pour les échanges que pour le système monétaire, permettant ainsi de redessiner le modèle globalisateur.

Cela nous amène aux mesures concrètes qui sont nombreuses et dont nous donnerons seulement quelques exemples. D'un point de vu négatif, on ne peut accepter la priorité du capital financier. C'est pourquoi, il faut abolir les paradis fiscaux sous toutes leurs modalités et, aussi, le secret bancaire. Ce sont deux puissants instruments de la lutte des classes au profit des dominants. Il faut également taxer les flux financiers internationaux (taxe Tobin), ce qui pourrait réduire le pouvoir du capital financier. Les "dettes odieuses" doivent être dénoncées après audits, comme ce fut le cas en Équateur. On ne peut admettre la spéculation sur les aliments et l'énergie. Une taxe sur les kilomètres parcourus par les biens industriels ou agricoles permettrait de réduire les dommages écologiques dus au transport et l'abus des "avantages comparatifs". Allonger "l'espérance de vie" des produits industrialisés permettrait une épargne importante de matières premières et d'énergie et pourrait diminuer les gains artificiels acquis par le capital jouant sur la vitesse de rotation des produits (W. Dierckxsens, 2011).

D'un point de vue positif, on peut aussi citer de nombreux exemples. L'économie sociale se construit sur d'autres fondements logiques que ceux du capitalisme. En réalité, celle-ci est encore marginale face à l'énorme concentration du capital oligopolistique, mais il est possible d'en promouvoir diverses formes. Cela vaut aussi pour les coopératives et le crédit populaire. Ces dernières formes d'économie doivent être protégées contre leur destruction ou leur absorption par le système dominant. Par ailleurs, les initiatives économiques régionales sont des moyens favorables à une transformation de la logique économique, à condition qu'elles ne soient pas de simples mesures d'adaptation du système aux nouvelles techniques de production, servant ainsi d'instruments d'intégration des économies nationales dans un ensemble capitaliste de niveau supérieur. La restauration des biens communs privatisés par le néolibéralisme est une voie à suivre dans différents domaines : services publics comme l'eau, l'énergie, les transports, les communications, la santé, l'éducation, la culture, tout ce qui, à l'heure actuelle, fait partie du "système de besoins/capacités". Cela ne signifie pas nécessairement l'étatisation (nécessaire dans divers cas) mais l'établissement de différentes formes de contrôle public et citoyen sur la production et sur l'accès aux biens communs.

Redéfinir le "Bien commun de l'Humanité" en fonction d'une autre définition de l'économie est, donc aussi, une tâche nécessaire face à la destruction du patrimoine commun comme résultat de l'oubli de la dimension collective de la production de la vie et de l'exclusivité de l'individualisme.

Réorganiser la vie collective par la généralisation de la démocratie dans les relations sociales et les institutions

Le troisième axe de la révision du paradigme de la vie collective et des contenus du "Bien commun de l'Humanité" est constitué par la généralisation de la démocratie, non seulement appliquée au secteur politique, mais aussi au système économique, dans les rapports entre les hommes et les femmes et dans toutes les institutions. En d'autres mots, la démocratie formelle doit être dépassée. Elle est souvent utilisée comme une manière d'établir une égalité artificielle, reproduisant en fait des déséquilibres non reconnus. Cela implique la révision du concept d'État et la revendication des Droits de l'Homme dans toutes leurs dimensions, individuelles et collectives. Il s'agit de faire de chaque être humain, sans distinction de race, de sexe ou de classe, un sujet de construction sociale, revalorisant ainsi la subjectivité (F. Hinkelammert, 2005).

Dans ce domaine, la conception de l'État est centrale. En effaçant toutes les différences pour construire des citoyens, en principe égaux, l'État jacobin ne suffit plus pour construire une démocratie véritable. Sans doute, ce fut un pas en avant par rapport aux structures politiques de l'ancien régime européen. Mais, aujourd'hui, il faut prendre en considération non seulement les oppositions de classes qui permettent à l'une ou l'autre coalition de s'approprier de l'État pour asseoir la domination de leurs intérêts, mais aussi les diverses sociétés qui constituent le territoire et qui ont le droit de revendiquer leurs cultures, leurs références territoriales et leurs institutions. Il ne s'agit pas de tomber dans un communautarisme qui débilite l'État, comme dans certains pays européens durant l'ère néolibérale, ni d'accepter sans critique le néo-anarchisme de certaines protestations légitimes et massives et il ne s'agit pas non plus de retourner à un passé romantique, comme certains mouvements politico-religieux le proposent. Enfin, il faut éviter de tomber dans le piège des pouvoirs économiques (entreprises transnationales ou institutions financières internationales) qui préfèrent négocier avec des entités locales de faible dimension qu'avec un État. L'objectif est d'atteindre un équilibre entre ces diverses dimensions de la vie collective, internationale, régionale et locale, en reconnaissant et en instaurant les mécanismes de participation.

Le rôle de l'État ne peut être conçu sans prendre en considération les groupes sociaux les plus marginalisés, les paysans sans terre, les castes inférieures et les "dalits" (hors castes) ignorés depuis des millénaires, les peuples indigènes des Amériques et les afro-descendants exclus depuis plus de 500 ans et, dans ces groupes, les femmes, souvent doublement marginalisées. Les procédures juridiques, même si elles sont constitutionnelles, ne suffisent pas pour changer les situations, même si elles sont utiles. Le racisme et les préjugés ne disparaissent pas rapidement, dans aucune société. Dans ce domaine, le facteur culturel a une grande importance et peut faire l'objet d'initiatives spécifiques. Les politiques sociales de protection vis-à-vis des agressions du marché global et permettant la satisfaction des besoins de base constituent une étape importante de la transition, à condition de ne pas se limiter à une position assistancielle et de ne pas se couper des reformes structurelles.

Il est aussi important de signaler le fait de l'utilisation d'un vocabulaire détourné de son sens original. Les pratiques discursives de la droite sont remarquables dans ce domaine. On parle de nos jours d'un "capitalisme vert". Mais, même dans les pays qui cherchent le changement, l'utilisation de concepts traditionnels, tels que *Sumak Kawsai* ("Bien vivre") doit être analysée en fonction de leur sens réel qui peut être, soit un élément de la transition vers un autre mode d'existence collective, soit une adaptation du système existant. C'est le contexte politique général qui permettra d'en comprendre et d'en évaluer la portée.

La généralisation de la démocratie vaut aussi pour le dialogue entre les instances politiques et les mouvements sociaux. L'organisation des organes de consultation et de dialogue va dans cette ligne, à condition de respecter l'autonomie mutuelle. Le projet d'un Conseil des mouvements sociaux dans le cadre de l'architecture générale de l'ALBA est une tentative originale en ce sens. Par ailleurs, le concept de société civile, utilisé souvent à ce sujet, demeure ambigu, parce que cette dernière est aussi le lieu des luttes des classes : il existe, en réalité, une société civile d'en bas et une autre d'en haut. L'utilisation non qualifiée du terme permet de créer la confusion et de présenter des solutions sociales qui ignorent les différences de classes.[1] Les formes de démocratie participative qui se réalisent dans divers pays latino-américains entrent aussi dans la même logique, celle d'une démocratie généralisée. L'indépendance réelle des pouvoirs exécutif, législatif et judiciaire est une garantie de fonctionnement démocratique normal. L'État démocratique doit aussi être laïque, c'est-à-dire sans interventions des institutions religieuses dans les organes de pouvoir, qu'elles soient majoritaires ou non. C'est d'ailleurs la base de la liberté religieuse. Cela ne signifie pas qu'il s'agisse d'un État laïciste qui ne reconnaîtrait pas la dimension publique du facteur religieux (par exemple, la dimension éthique sociale de la Théologie de la libération) ou, pire encore – comme ce fut le cas dans les pays du "socialisme réel" –, qui établit l'athéisme comme quasi-religion d'État.

D'autres institutions sont concernées par le même principe. Rien de moins démocratique que le système économique capitaliste avec la concentration du pouvoir de décision entre quelques mains. Il en est de même pour les moyens de communication sociale et

---

1 Dans un quartier populaire de Bogota, il y a quelques années, il y avait sur un mur une inscription disant : "Nous aussi, nous avons des Droits de l'Homme".

cela s'applique aussi à toutes les organisations sociales, syndicales, culturelles, sportives, religieuses.

Associée à la démocratie généralisée, il y a évidemment la notion de non-violence. Les conflits dans les sociétés humaines, de la famille jusqu'à l'ordre international, doivent se résoudre par des mécanismes non violents adéquats, formels ou informels. On doit, en effet, distinguer l'exercice de la force et la violence. Le concept de "violence légitime" comme monopole de l'État, du sociologue allemand Max Weber, est dangereux parce qu'il conduit à une justification facile, par exemple, des guerres en Iraq, Afghanistan et Libye. Cependant, si la non-violence est le principe, ce qui est désirable et désiré, la situation réelle est celle d'un monde violent.

Les raisons de la violence sont quasi toujours la poursuite d'une hégémonie économique et politique. Dans l'histoire moderne, la reproduction du capitalisme comme système fut un facteur prépondérant de violence, aussi bien pour l'accumulation du capital interne (le complexe militaro-industriel aux États-Unis, par exemple) que pour assurer la prédominance d'une nation sur une autre et, finalement, pour assurer le contrôle des ressources naturelles (pétrole et métaux stratégiques). Les arguments culturels et religieux ont été, le plus souvent, de manière consciente ou non, des légitimations idéologiques capables de motiver les peuples et les foules dans des conflits de nature économique et politique. Mais ils furent aussi des armes immatérielles de groupes opprimés luttant pour la justice. Ainsi, au même titre que les dictatures, les guerres signifient l'échec de la démocratie et une rupture avec la poursuite du "Bien commun de l'Humanité". Aujourd'hui, avec les technologies de mort disponibles, il n'existe plus de guerres justes, à l'exception des résistances populaires, quand toute solution démocratique a été exclue. Mais seule une analyse socio-politique et historique de tous les éléments en jeu (holistique) peut rendre compte de leur justification éthique et politique.

Les dispositifs de lutte contre le racisme ou la discrimination de genre entrent dans cette catégorie. De même, les moyens de communication de masse, en interdisant, par exemple, leur appropriation par le capital financier. Les règles de fonctionnement démocratique (égalité des sexes, alternance dans les charges publiques, etc.) pourraient constituer des conditions de reconnaissance publique (et éventuellement d'octroi de subsides) d'institutions non étatiques, telles que les partis politiques ou les organisations sociales, les ONG et les institutions culturelles et religieuses.

En matière de politique internationale, les applications de ce principe sont multiples. On pense évidemment à l'ONU, dont diverses composantes, et tout d'abord le Conseil de Sécurité, sont très peu démocratiques. Cela vaut aussi pour les organisations de Bretton Woods, en particulier la Banque mondiale et le Fond monétaire international. L'appui en ce sens pourrait être une priorité pour les gouvernements de la périphérie. Les modes informels de fonctionnement, mais avec d'énormes pouvoirs réels, du G8 et même du G20, doivent être remis en question. Les Cours de justice pour le respect des Droits de l'Homme sont des organes désirables, mais qui doivent être soumis aux mêmes normes de démocratie et élargis à de nouveaux champs d'application, comme les crimes économiques, les "dettes odieuses" et les dommages à la nature. Toutes les nouvelles institutions régionales latino-américaines, comme la Banque du Sud, la monnaie régionale (le sucre) l'ALBA, feront l'objet d'une attention toute particulière pour leur fidélité à ce principe, et on fera de même dans les autres continents.

La destruction de la démocratie par le capitalisme, spécialement durant sa phase néolibérale, a été telle que les sociétés, à tous les niveaux, s'organisent aujourd'hui en fonction des avantages d'une minorité, provoquant, à l'échelle mondiale, un degré d'inégalités jamais observé auparavant dans l'histoire de l'Humanité. Rétablir le fonctionnement démocratique comme paramètre universel constitue donc un pilier du "Bien commun de l'Humanité".

Instaurer l'interculturalité dans la construction du Bien commun universel

L'objectif de la dimension culturelle est de donner à tous les savoirs, cultures, philosophies et religions, la possibilité de contribuer au "Bien commun de l'Humanité". Cela ne saurait être le rôle exclusif de la culture occidentale car, en réalité, celle-ci fut à l'origine d'une conception du développement qui élimine ou marginalise toute autre perspective. Une telle démarche implique la lecture du réel, son interprétation et l'anticipation des changements, mais aussi l'éthique nécessaire à l'élaboration du "Bien commun de l'Humanité", la dimension affective nécessaire à l'auto-implication des acteurs et les expressions esthétiques et pratiques. La pluriculturalité suppose, bien entendu, l'adoption des principes d'organisation des trois autres axes, le rapport à la nature, la production des bases matérielles de la vie et l'organisation démocratique généralisée. La pluriculturalité est aussi importante pour la transmission des idées et valeurs au sein des divers peuples. Parler dans le langage qui est propre à chaque groupe social et s'exprimer en des termes culturellement compréhensibles par tous sont des exigences de la démocratie.

Cependant, la multiculturalité n'est pas suffisante. Il s'agit de promouvoir une interculturalité ouverte, c'est-à-dire des cultures en dialogue, avec des échanges possibles. Les cultures ne sont pas des objets de musée mais bien des éléments vivants d'une société. Les migrations internes et externes, en lien avec le développement des moyens de communication, sont des facteurs de nombreux changements culturels, dont, évidemment, tous n'ont pas été désirés, mais qui peuvent être enrichissants. Pour exister, les cultures ont besoin de bases et de moyens matériels, comme un territoire de référence (sous certaines modalités), de moyens d'éducation et de communication, d'expressions diverses comme les fêtes, pèlerinages, rituels, des agents religieux, des bâtiments, etc.

Cela ouvre la voie à des applications pratiques telles que l'organisation d'un l'État pluriculturel ce qui, dans des pays comme la Bolivie et l'Équateur, s'est traduit par la construction d'États plurinationaux, non sans de nombreuses difficultés de concrétisation du concept dans la pratique politique. L'idée centrale est l'obligation faite aux États de garantir les bases de la reproduction culturelle des peuples différents et, en particulier, d'assurer leur défense contre les agressions de la modernité économique et de son hégémonie culturelle. À cette fin, l'éducation bilingue est un instrument privilégié. Mais la notion d'interculturalité doit avoir aussi un impact sur l'éducation générale, comme l'enseignement de l'histoire et la transformation d'une philosophie éducative actuellement orientée par la logique du marché. La publication de livres à prix réduit, l'organisation de foires du livre, de centres artisanaux, de musées interactifs, etc. sont des instruments utiles. Les moyens de communication ont leur place dans cet ensemble car ils transmettent des valeurs et pas seulement des informations, mais ils ne peuvent contredire la pluralité et la démocratie. Cette question doit être pensée dans son ensemble, en vue de la promotion des cultures locales, pour contrecarrer les monopoles et pour détruire la domination d'une poignée d'agences internationales. Des instances éthiques doivent aussi avoir la possibilité de s'exprimer, comme les organismes de défense des Droits de l'Homme, les observatoires sociaux de types différents et les institutions religieuses.

La culture inclut une dimension spirituelle, propre à l'être humain, qui le porte au-delà du quotidien. Ce thème est central dans les temps de crise de civilisation. Il existe dans le monde contemporain une forte quête de sens, produite par la nécessité de redéfinir les buts même de la vie. La spiritualité est précisément la force qui transcende la matière en lui donnant du sens. Ses sources sont nombreuses mais elles se situent toujours à l'intérieur d'un contexte social. En outre, aucune spiritualité ne saurait exister sans une base physique et biologique. L'être humain est un : sa spiritualité présuppose la matière et sa matérialité n'a de sens que par l'esprit. Une vision culturaliste de la spiritualité qui ignore la matérialité de l'être humain, c'est-à-dire le corps pour l'individu et la réalité économico-politique pour la société, est une déviation conceptuelle qui conduit au réductionnisme (la culture comme seul facteur de changement) ou à l'aliénation (l'ignorance des structures sociales). La spiritualité, avec ou sans référence à un surnaturel, donne du sens à la vie humaine sur la planète. Sa traduction concrète est certes conditionnée par les rapports sociaux en œuvre dans chaque société mais, en même temps, elle peut donner une orientation concrète à la société. Un changement de paradigme ne se réalise pas sans spiritualité, suivant des chemins multiples et de nombreuses expressions.

La vision du monde, la lecture du réel et son analyse, l'éthique de la construction sociale et politique, les expressions esthétiques et l'auto-implication des acteurs sont les composantes essentielles de l'élaboration d'alternatives au modèle de développement capitaliste et au type de civilisation que ce dernier transmet. Elles font partie de toutes les dimensions du nouveau paradigme, tant des rapports avec la nature, comme de la production des bases matérielles de la vie, de la redéfinition de l'économie et, finalement, de la manière de concevoir l'organisation collective et politique des sociétés. Dans leur diversité, ces éléments culturels peuvent contribuer au changement nécessaire à la survie de l'Humanité et de la planète.

Le Bien commun de l'Humanité comme objectif global

De ce qui précède, on peut conclure que le "Bien commun de l'Humanité" est le fruit de l'adéquate réalisation de l'ensemble des quatre axes fondamentaux de la vie collective des êtres humains sur la planète. Tel qu'ils sont définis par le capitalisme, garantis par les forces politiques et transmis par la culture dominante, ces axes fondamentaux ne sont pas durables et, donc, ils ne peuvent assurer le "Bien commun de l'Humanité". Au contraire, leurs applications concrètes contredisent la reproduction de la vie (F. Houtart, 2009). Il faut un changement de paradigme pour permettre la symbiose entre les êtres humains et la nature, l'accès des tous aux biens et services, la participation de chaque sujet individuel ou collectif aux processus d'organisation socio-politiques et la possibilité d'expressions cultu- relles et éthiques propres, c'est-à-dire pour réaliser le "Bien commun de l'Humanité". La concrétisation de ce dernier est un processus, généralement long, de type dialectique et non linéaire, et le fruit de nombreuses luttes sociales. Le concept, tel qu'il est interprété dans ce document, se déploie au-delà de la conception grecque classique de "Bien commun" reprise à la Renaissance (J. Sánchez Parga, 2005, pp. 378-386) et aussi par la doctrine sociale de l'Église catholique, s'appuyant sur la philosophie de Thomas d'Aquin.

C'est pourquoi, d'une part, il requiert une révision théorique en reprenant la critique de tous les éléments qui ont mené le monde à la situation d'une crise systémique et l'épuisement d'un modèle historique et, d'autre part, en redéfinissant les buts d'une nouvelle construction sociale, respectueuse de la nature et capable d'assurer la vie humaine comme une construction commune. Comme l'affirme Enrique Dussel (2006), ce qui doit être assuré est la production, la reproduction et le développement de la vie humaine de chaque sujet éthique (chaque être humain). C'est cela le "Bien commun de l'Humanité". La référence ultime de tout paradigme de développement humain est la vie dans sa réalité concrète, y compris le rapport à la nature, ce qui – de fait – est contredit par la logique du capitalisme.

On pourrait objecter qu'il s'agit d'une utopie. Outre le fait que les êtres humains ont besoin d'utopies et que le capitalisme a détruit la pensée utopique en annonçant la fin de l'histoire (il n'y a pas d'alternatives), on peut en effet affirmer que la recherche du "Bien commun de l'Humanité" est bien une utopie, non dans le sens d'une illusion, mais comme ce qui n'existe pas aujourd'hui mais pourrait exister demain. En même temps, l'utopie conserve aussi une dimension dynamique : il y aura toujours un demain. Tout régime politique ou religieux qui prétend incarner l'utopie finit en catastrophe. L'utopie est un appel à cheminer.[1] C'est pour cela qu'il ne s'agit pas d'une "utopie inoffensive" (E. Pieiller, 2011, p. 27). On peut le constater dans les centaines de milliers de mouvements sociaux, d'organisations citoyennes, de formations politiques, chacun dans leurs lieux propres, qui luttent pour améliorer les rapports avec la nature et sa protection, pour une agriculture paysanne et organique, pour une économie sociale, pour l'abolition des dettes illicites, pour l'appropriation collective des moyens de production, pour le primat du travail sur le capital, pour la défense des Droits de l'Homme, pour une démocratie participative et pour la valorisation des cultures. Les Forums sociaux mondiaux permettent d'entrevoir cette réalité, ce qui crée progressivement une nouvelle conscience sociale globale.

Cependant, il s'agit d'un processus dynamique qui a besoin d'une vision d'ensemble cohérente, comme fondement de la convergence des actions, afin de construire une force capable de transformer le

---

1 Eduardo Galeano écrit à propos de l'utopie : "J'avance de deux pas, elle s'écarte de deux pas. J'avance de dix pas et l'horizon s'éloigne de dix pas. Je pourrai toujours avancer et jamais je ne l'atteindrai. À quoi sert l'utopie ? Précisément à cela : à cheminer" (Maurice lemoine, 2010).

système dominant contemporain tant dans ses dimensions économiques, que sociales, culturelles et politiques. C'est précisément ce que veut exprimer le concept de "Bien commun de l'Humanité" : une cohérence théorique qui réunit les quatre axes de la vie collective sur la planète et une vision qui permet à chaque mouvement, à chaque initiative sociale et politique, de se situer dans l'ensemble. Son élaboration ne peut être seulement le travail de quelques intellectuels qui pensent pour les autres mais doit résulter d'une œuvre collective. Elle utilisera la pensée du passé, notamment la tradition socialiste plus directement confrontée avec le capitalisme, en y intégrant de nouveaux éléments. Sa diffusion ne peut être non plus la responsabilité exclusive d'une organisation sociale ou d'un parti d'avant-garde qui aurait le monopole de la vérité, mais d'une pluralité de forces anti-systémiques qui luttent pour le "Bien commun de l'Humanité". Sans doute demeurent encore de nombreuses questions théoriques et stratégiques qui méritent d'être étudiées, discutées et expérimentées.

La transition

Nous ne pouvons pas détailler ici davantage le thème traité. Cependant, il est intéressant d'introduire une autre notion à ce stade de notre réflexion. Il s'agit du "concept de transition". Karl Marx a développé ce concept à propos du passage, en Europe, du mode de production féodal au capitalisme. Il s'agit de "la phase particulière d'une société qui rencontre de plus en plus de difficultés à reproduire le système économique et social qui lui sert de fondement et qui commence à se réorganiser sur base d'un autre système qui évolue vers la forme générale des nouvelles conditions d'existence" (M. Godelier, 1982, p. 165). Il s'agit évidemment de processus longs, non linéaires, plus ou moins violents suivant les résistances des groupes sociaux impliqués. Plusieurs analystes estiment que le capitalisme est parvenu au terme de son rôle historique parce qu'il est devenu un système destructeur des fondements même de son succès, comme le disait déjà Karl Marx, la nature et le travail. C'est ainsi que Samir Amin parle de "capitalisme sénile", qu'Immanuel Wallerstein diagnostiqua – dans un article publié au milieu de la crise financière – la "fin du capitalisme" et qu'István Mészaros décrit l'incapacité du capitalisme à assurer l'entretien du "métabolisme social de l'Humanité" (I. Mészaros, 2008, p. 84).

Bien que, d'une part, on puisse accepter l'idée que nous vivons dans une transition du mode de production capitaliste vers une autre forme et que ce processus peut être précipité par la crise climatique, on ne peut oublier que, d'autre part, un tel changement sera le résultat d'un processus social qui ne peut se réaliser sans luttes et sans une transformation du rapport des forces. En d'autres mots, le capitalisme ne tombera pas de soi-même et la convergence de toutes les luttes sociales et politiques est un pré-requis pour atteindre ce résultat. L'histoire nous apprend que le capitalisme est capable de transformer ses propres contradictions en un apport au processus d'accumulation du capital. L'élaboration théorique du concept de transition, dans le contexte historique de la crise systémique actuelle, permettra l'élaboration d'instruments d'évaluation des expériences sociales en cours. C'est tout particulièrement le cas en Amérique latine où des régimes ont initié des processus de changement et se réclament du "Socialisme du XXIe siècle".

Le concept peut aussi s'appliquer à des processus spécifiques dans le cadre de l'évolution générale. Dans tous les cas, il s'agit de définir les actions qui peuvent conduire au résultat (un autre développement humain), sans amoindrir la radicalité des objectifs, mais prenant en considération, d'un côté les circonstances concrètes du développement matériel et, de l'autre, les rapports de force existants dans les domaines socio-économique et politique. Un exemple emblématique est celui des industries minières qui, malgré leurs dommages sociaux et écologiques et leur assujettissement quasi exclusif aux intérêts du capital, ne peuvent être arrêtées du jour au lendemain dans les pays progressistes parce que, entre autres, elles constituent la source de financement des nouvelles politiques. Tel est le cas du Venezuela et de la Bolivie. La transition en ce domaine pourrait comporter quatre éléments : (1) mettre en route une politique économique fondée sur les besoins du marché intérieur, et ce, à moyen et long terme ; (2) promouvoir des lois sociales et écologiques plus strictes pour contrecarrer les dommages dans ce secteur économique ; (3) faire payer les surcoûts résultants aux utilisateurs finaux des produits miniers ; et (4) promouvoir une législation internationale adéquate pour éviter le phénomène des "avantages comparatifs" qui joueraient en faveur des pays qui appliquent des régulations plus laxistes dans ce domaine d'activité. Dans d'autres pays moins impliqués pour le moment dans les activités minières – comme l'Équateur –, on pourrait penser à appliquer un moratoire de quelques mois ou années afin que l'État puisse négocier avec les mouvements sociaux les modalités d'une transition dans ce domaine.

L'emploi de cet instrument conceptuel ne saurait servir d'alibi aux concessions politiques et idéologiques de type social-démocrate, c'est-à-dire en acceptant que le développement des forces productives exige l'adoption des principes, outils et recettes du capitalisme. Ces concessions entraînent le renforcement du pouvoir des classes sociales les plus opposées à tout changement de modèle (comme c'est le cas au Brésil) malgré des avancées réelles dans d'autres secteurs ; ou bien, comme dans les pays socialistes, cela conduit à créer des nouvelles différences sociales qui, inévitablement, allongent le processus de transition (comme c'est le cas en Chine ou au Viêtnam). En réalité, cela pose deux questions fondamentales : comment développer les forces productives dans une perspective socialiste, c'est-à-dire en poursuivant le "Bien commun de l'Humanité" et quelles forces développer en priorité ? Il s'agit de questions que les pays socialistes et les régimes progressistes qui ont émergés après la Seconde Guerre mondiale n'ont pas pu résoudre de manière adéquate et qui furent à l'origine aussi bien de leurs échecs que de l'orientation néolibérale adoptée par la plupart de ces pays. Comme le disait Maurice Godelier dans ses cours à l'Université catholique de Louvain, "le drame du socialisme est qu'il a du apprendre à marcher avec les pieds du capitalisme". Développer l'agriculture paysanne et organique, comme ce fut proposé en 2010 lors d'un séminaire sur l'agriculture paysanne en Asie qui s'est tenu à l'Université de Renmin (à Beijing), au lieu de promouvoir les monocultures pour l'agro-exportation ; réorganiser les réseaux ferroviaires locaux en Amérique latine au lieu d'adopter les projets de l'IIRSA (Initiative latino-américaine pour le développement des infrastructures) sont des exemples que l'on pourrait proposer. D'autres pourraient être pensés, comme applications d'une transition véritable qui ne se résume pas à une simple adaptation du système.

Pour une Déclaration universelle du Bien commun de l'Humanité

Une autre fonction du concept de "Bien commun de l'Humanité" pourrait être la préparation d'une Déclaration universelle, dans le cadre des Nations Unies. Il est évident qu'une déclaration n'est pas de nature à changer le monde et que c'est la tâche de l'organisation des forces de changement autour d'un projet en constante élaboration. Cependant, une telle déclaration pourrait être un instrument pédagogique utile, tant pour promouvoir l'effort théorique nécessaire que pour dynamiser les mouvements sociaux. Elle serait parallèle à la Déclaration universelle des Droits de l'Homme.

Cette dernière fut le résultat d'un long processus culturel et politique qui a débuté au Siècle des Lumières, à l'aube de la "modernité", et qui a signifié l'émancipation de l'individu et la reconnaissance de ses droits. Elle s'est développée grâce à la Déclaration française et à celle des États-Unis d'Amérique, vers la fin du XVIIIe siècle. Nous savons qu'elle n'est pas parfaite et qu'elle fut élaborée dans un contexte très influencé par la vision sociale de la bourgeoisie occidentale, ce qui a provoqué des réactions telles que la Charte africaine des Droits de l'Homme de l'OEA et une initiative similaire dans le monde arabe. Elle est aussi utilisée par les puissances occidentales pour asseoir leur hégémonie sur la planète. Mais elle a le mérite d'exister. Elle a sauvé la liberté, et même la vie, de nombreuses personnes et a orienté des nombreuses décisions utiles pour le bien du genre humain. Elle s'est améliorée au cours du temps en intégrant de nouvelles dimensions des droits de la seconde ou troisième génération. Cependant, pour affronter les périls encourus de nos jours par la planète et le genre humain, un nouvel équilibre est nécessaire, exigeant non seulement l'application des Droits de l'Homme mais aussi la redéfinition du "Bien commun de l'Humanité" sur base d'un nouveau paradigme.

Ainsi, la préparation d'une nouvelle Déclaration universelle peut être un instrument de mobilisation sociale et politique pour créer une conscience nouvelle et servir de base à la convergence des mouvements sociaux et politiques au niveau international. Il s'agit bien évidemment d'une tâche de longue haleine mais qui exige un début. La convergence des mouvements sociaux (comme le Forum social mondial) ou des partis politiques (comme le Forum de São Paulo) peut contribuer à la promotion d'une telle Déclaration, tout comme les pays eux-mêmes à travers leurs représentations diplomatiques dans les organismes internationaux comme l'UNESCO ou les mêmes les Nations-Unies. C'est une lutte politique qui vaut la peine d'être menée et qui peut s'inscrire comme l'un des éléments symboliques de la révolution nécessaire que constitue une redéfinition du paradigme de la vie collective de l'Humanité sur la planète.

Faire le lien entre la défense des "biens communs", comme l'eau, le rétablissement de la priorité du "Bien commun" et la vision de la nouvelle construction du "Bien commun de l'Humanité" est donc très important. D'une part, la vision holistique supposée par ce dernier concept exige des applications concrètes, comme celles des "Bien communs", pour échapper à l'abstraction et se traduire en actions concrètes. D'autre part, les luttes particulières doivent aussi s'inscrire dans un ensemble, afin de préciser le rôle qu'elles jouent, non pas pour pallier aux déficiences d'un système dont il s'agit de prolonger l'existence, mais bien dans le but de poursuivre sa transformation en profondeur, en exigeant la convergence de toutes les forces de changement pour établir les bases de la survie de l'Humanité et de la planète.

PROJET DE
DÉCLARATION UNIVERSELLE
DU BIEN COMMUN DE L'HUMANITÉ

Ce projet, en constante élaboration, à vocation juridique et pédagogique, fruit d'une rédaction internationale de juristes et de dirigeants sociaux, a été présenté au Sommet des peuples de Rio de Janeiro (juillet 2012) par le Forum mondial des Alternatives. Il a été révisé suite aux remarques reçues, afin d'être rediffusé à l'occasion du Forum social mondial de Tunis (mars 2013). Tout apport nouveau est bienvenu. Les mouvements sociaux, organisations, institutions et personnes qui veulent s'associer à cette initiative sont priés de le signaler (declarabch@gmail.com).

Préambule

Nous vivons un temps critique pour la survie de la nature et de l'Humanité. Les agressions à la planète (la Terre-Mère) se multiplient, mettant en danger les espèces vivantes, les écosystèmes, la biodiversité, l'air, l'eau, le sol et même le climat. La vie des peuples est détruite par la dépossession de leurs territoires. La concentration monopolistique du capital, l'hégémonie du secteur financier, l'économie de rapine, l'aliénation des esprits et des consciences, mais aussi la déforestation, les monocultures, l'utilisation massive des agents toxiques, les guerres, l'impérialisme économique, politique, militaire et culturel, les politiques d'austérité et la destruction des acquis sociaux sont devenus le pain quotidien de l'Humanité.

Nous vivons un temps de crise multidimensionnelle : financière, économique, alimentaire, énergétique, climatique, une crise de système, de valeurs, de civilisation. Leur origine commune provient de l'irrationalité d'un système économique centré sur le profit et non sur les besoins, entraînant dans sa dynamique des logiques de mort. Un tel moment historique ne permet pas de réponses partielles. Il exige la recherche d'alternatives.

Nous vivons un temps marqué par un besoin de cohérence. Les résolutions de l'Assemblée générale des Nations Unies, la Déclaration universelle des Droits de l'Homme (1948), les pactes des Nations Unies des droits civils et politiques (1966), des droits économiques, sociaux et culturels (1966), la Charte des droits et des obligations économiques des États (1974), la Charte mondiale de la nature (1982), la Déclaration sur le droit au développement (1986), la conférence des Nations Unies sur l'environnement et le développement (1992), la Charte de la Terre (2000), la Déclaration universelle de l'UNESCO sur la diversité culturelle (2001), la Déclaration des Nations Unies sur les droits des peuples indigènes (2007), parmi d'autres, exigent une vision d'ensemble et un système de décisions intégré, écologique, économique, politique et culturel, au service de la vie.

Nous vivons un temps où les êtres humains s'aperçoivent qu'ils forment la partie consciente d'une nature capable de vivre sans eux. Cependant, ils continuent à la détruire progressivement. La vision du développement, héritée de la modernité et accélérée par l'évolution du "Système mondial capitaliste", qui débouche sur une telle prédation, envisage ce dernier comme un progrès linéaire sur une planète inépuisable. Elle élémentarise aussi la réalité et détruit toute vision d'ensemble (holistique) de l'univers. Elle néglige la reproduction de la nature, et notamment des autres espèces vivantes, pour se concentrer exclusivement sur la croissance du genre humain (anthropocentrisme). Elle banalise les cultures, détruit les utopies et instrumentalise les spiritualités. Dans sa version capitaliste, elle débouche sur l'exploitation, l'injustice et une croissance inégale entre les classes sociales, les genres et les peuples. Dans sa version socialiste du XXe siècle, elle a fait oublier la reconstruction du lien avec la nature et négliger l'organisation démocratique des sociétés. Nous vivons aussi un temps où de multiples mouvements sociaux et politiques luttent pour une justice écologique et sociale et en faveur des droits collectifs des peuples. La vie de l'Humanité comme projet commun et partagé, conditionné par la vie de la planète, se retrouve au centre des préoccupations de divers documents tels que la Déclaration universelle des Droits des Peuples (Alger, 1976), la Déclaration universelle des Femmes indigènes du Monde (Pékin, 1995), la Déclaration universelle des Droits de la Terre-Mère (Cochabamba, 2010) et cette vision doit s'intensifier et se répandre, dans un effort commun qui respecte les spécificités sociales et culturelles.

Pour rétablir les droits de la nature et construire une solidarité interhumaine au niveau planétaire, tâches intrinsèquement liées, une nouvelle initiative, parallèle à la Déclaration universelle des Droits de l'Homme, s'impose aujourd'hui. Elle a pour vocation de redéfinir, dans une vision d'ensemble les éléments fondamentaux de la vie collective de l'Humanité sur la planète, de proposer une nouvelle conception (paradigme) et de servir de base à la convergence des mouvements sociaux et politiques.

Il s'agit (1) de passer de l'exploitation de la nature comme ressource naturelle au respect de la terre comme source de vie ; (2) de privilégier la valeur d'usage sur la valeur d'échange dans l'activité économique ; (3) d'introduire le principe de la démocratie généralisée dans tous les rapports sociaux, y compris entre hommes et femme et au sein de toutes les institutions sociales ; et (4) de promouvoir l'interculturalité pour permettre à toutes les cultures, les savoirs, les religions, d'éclairer la lecture de la réalité, de participer à l'élaboration de l'éthique nécessaire pour sa construction permanente et de contribuer aux anticipations qui permettent de dire qu'"un autre monde est possible". C'est le paradigme du "Bien commun de l'Humanité" ou du "Bien vivre", comme possibilité, capacité et responsabilité de produire et de reproduire la vie de la planète et l'existence physique, culturelle et spirituelle de tous les êtres humains à travers le monde.

Il s'agit d'exprimer un objectif, une utopie dans le sens positif du mot : ce qui nous fait avancer. À tous les niveaux, depuis les comportements personnels jusqu'à l'organisation internationale et dans tous les secteurs, du rapport à la nature à la culture, l'utopie devra se concrétiser dans des transitions, conçues non comme de simples adaptations du système aux nouvelles demandes écologiques et sociales, sinon comme des pas en avant adaptés à chaque situation. Certes, ce ne sont pas les déclarations qui changent le monde, mais bien les luttes sociales. Cependant, venant du cri de la terre et de la clameur des exploités, elles peuvent contribuer à préciser les objectifs et à rassembler les multiples combats qui se mènent aujourd'hui partout dans l'univers. D'où la proposition d'une Déclaration universelle. Chaque article est divisé en trois parties : l'état de la question ; l'action nécessaire ; la sanction.

Le respect de la nature comme source de vie

Article 1 :
Rétablir la symbiose entre la terre et le genre humain, partie consciente de la nature

La nature est à l'origine des multiples formes de vie, y compris celle de l'Humanité, dont la terre constitue le foyer. L'air, la lumière, l'atmosphère, l'eau, les sols ; les rivières, les océans, les forêts, la flore, la faune, la biodiversité ; les graines, le génome des espèces vivantes sont tous des éléments constitutifs de sa réalité. La nature doit être respectée dans son intégrité, ses équilibres, ses processus, la richesse des écosystèmes producteurs et reproducteurs de la biodiversité, dans sa beauté et dans sa capacité de régénération. Le genre humain est responsable, en tant que partie consciente de la planète, du respect de la justice écologique et des droits de la nature qui forment aussi la base de sa propre existence et donc du "Bien commun de l'Humanité".

La nature doit pouvoir reproduire la vie, ce qui équivaut à un droit. Toutes pratiques détruisant les capacités de régénération de la Terre-Mère, telles que l'exploitation sauvage et anti-écologique des richesses naturelles, l'utilisation destructrice de produits chimiques, l'émission massive de gaz à effet de serre, l'épuisement des sols et des réserves aquatiques, l'utilisation irrationnelle des énergies, la contamination des sols, des nappes phréatiques, des rivières et des mers, la production d'armes nucléaires, chimiques, biologiques, sont contraires à la responsabilité humaine envers la nature, le "Bien commun de l'Humanité" et le "Bien vivre" et donc passibles de sanctions.

Article 2 :
Assurer l'harmonie entre tous les éléments de la nature

L'harmonie de l'univers et de ses divers éléments est une condition de la vie. Le vivant fait partie d'un tout et chaque parcelle vitale possède ses fonctions propres. La biodiversité est centrale dans ce processus et les échanges matériels entre les espèces (métabolisme) doivent respecter des équilibres. Les peuples de la terre ont donc le devoir de vivre en harmonie avec tous les autres éléments de la nature. Aucune action de développement entraînant des dommages irréversibles et graves pour la vie de la nature, qui est aussi le pilier de la reproduction de la vie physique, culturelle et spirituelle de l'Humanité, ne pourra être entreprise.

Il est de la responsabilité de tous les peuples de l'univers de vivre en harmonie avec les éléments de la nature. Sont contraires au "Bien commun de l'Humanité" et devront faire l'objet de sanctions, toute action, institution et système environnemental, qui adoptent des modèles de développement contraires à l'intégrité et à la reproduction du système écologique.

Article 3 :
Protéger la terre,
base de toute vie, physique, culturelle, spirituelle

La nature est une réalité unique et limitée, source de vie de toutes les espèces qui l'habitent aujourd'hui et de toute entité vivante à naître à l'avenir. La terre peut être gérée par les êtres humains, avec les garanties nécessaires de continuité dans la gestion, mais elle ne peut pas devenir une propriété, ni une marchandise, ni une source de spéculation. Elle ne peut subir des agressions systématiques et irréversibles, quel que soit le mode de production. Les richesses naturelles (terre, ressources minières, pétrolières, océaniques, forestières) sont des patrimoines collectifs qui ne peuvent être appropriés, ni par des individus, ni par des entreprises, ni par des groupes financiers. Les éléments de la terre (sols, air, eau, mer, rivières, forêts, bois, flore, faune, espaces, génome, etc.) doivent être gérés, extraits et traités en respectant la reproduction des écosystèmes, la biodiversité, la vie des espèces, l'équilibre du métabolisme entre nature et espèce humaine, le "Bien vivre" des peuples actuels et des générations futures.

Le respect des écosystèmes et de la biodiversité et l'équilibre des échanges matériels (métabolisme) entre les êtres humains et la nature doivent être garantis. Sont contraires au respect constructif de la nature, au "Bien commun de l'Humanité" et, par conséquent, sont susceptibles de sanctions, la privatisation et la marchandisation de la terre, des richesses naturelles et des éléments nécessaires à la reproduction de la vie des espèces vivantes, en particulier l'eau, l'oxygène, les semences, tout comme la prise de brevet sur la nature.

Article 4 :
Garantir la régénération de la terre

La terre doit être restaurée dans sa capacité de régénérescence, ce qui est devenu une urgence. Tous les peuples et groupes humains ont l'obligation de contribuer à cet objectif. L'inventaire et le contrôle des impacts environnementaux s'imposent, tout autant que les évaluations et la réparation des préjudices causés. Tous les peuples et individus, et particulièrement, les industries, entreprises et gouvernements, ont le devoir de réduire, réutiliser et recycler les matériaux utilisés pour la production, la circulation et la consommation des biens matériels.

La capacité de régénérescence de la nature, ainsi que la restauration de ces processus dynamiques, doit être assurée par l'organisation commune du genre humain. Sont contraires au "Bien commun de l'Humanité" et donc passibles de sanctions, la diminution artificielle de l'espérance de vie des produits, le gaspillage d'énergie et d'autres matières premières, les dépôts irresponsables de déchets et les omissions ou les reports systématiques de la restauration écologique.

La production économique
au service de la vie et de sa continuité

Article 5 :
Utiliser les formes sociales de production et de circulation, sans accumulation privée

Pour assurer le "Bien commun de l'Humanité" et le "Bien vivre", il est indispensable que les personnes, les institutions et les systèmes économiques, donnent la priorité aux formes sociales de propriété des principaux moyens de production et de circulation économique : communautaire, familiale, communale, coopérative, citoyenne, publique, en évitant ainsi les processus d'accumulation individuelle ou corporative qui provoquent les inégalités sociales. Le contrôle de la production et de la circulation des biens et des services, de même que du système financier, par les travailleurs et les consommateurs, sera organisé selon les formes sociales adéquates, s'étalant de la coopérative à la participation citoyenne et, le cas échéant, à la nationalisation.

La production et la circulation des biens et des services sont des activités sociales devant assurer le bien-être de tous et doivent donc revêtir les formes appropriées d'action et d'organisation commune. L'appropriation en vue d'une accumulation capitaliste privée des moyens de production et de circulation par des individus, des entreprises et des groupes financiers, est contraire au "Bien commun de l'Humanité" et donc prohibée.

Article 6 :
Donner la priorité à la valeur d'usage sur la valeur d'échange

Le travail (formel et informel) subordonné à l'accumulation du capital, provoque une négation de l'autonomie des travailleurs et de leur capacité d'être des acteurs de l'activité économique. Une telle soumission conduit à une rupture de la paix sociale. Le système éco-nomique de production et de circulation est destiné à répondre aux nécessités et aux capacités de tous les peuples et de tous les individus de la planète. L'accès aux valeurs d'usage est un droit fondamen-tal qu'exigent la production et la reproduction de la vie. La valeur d'échange, produit de la commercialisation, doit être soumise à la valeur d'usage et ne peut servir à l'accumulation du capital et moins encore à la formation de bulles financières fruit de la spéculation et source d'inégalités sociales accrues.

La fonction de tout système économique est de satisfaire aux néces-sités et de promouvoir les capacités de l'ensemble des êtres humains sur la planète. La répartition du surproduit est une responsabilité commune. Sont contraires au "Bien commun de l'Humanité" et au "Bien vivre" et donc sont interdites, toutes les actions individuelles ou corporatives de circulation économique qui mercantilisent les valeurs d'usage comme de simples valeurs d'échange, les instru-mentalisent par la publicité pour une consommation irrationnelle et poussent à la spéculation pour une accumulation privée du capital. Sont également contraires au "Bien commun de l'Humanité" : les paradis fiscaux, le secret bancaire, la spéculation sur les produits ali-mentaires, les richesses naturelles et les sources d'énergie. Sont dé-clarées illégales les "dettes odieuses" publiques et privées, de même que la pauvreté, en tant que fruit d'un rapport social injuste.

Article 7 :
Promouvoir un travail non exploité et digne

Les processus de production et de circulation doivent garantir aux travailleurs un travail digne, participatif, adapté à une vie de famille et culturelle, favorisant leurs capacités et garantissant une existence matérielle adéquate, car le travail, sous toutes ses formes construit les êtres humains en tant qu'acteurs sociaux du "Bien commun de l'Humanité". L'association des travailleurs pour l'organisation de la production et de la circulation des biens et des services constitue la base de cet objectif.

Le travail a priorité sur tous les autres éléments de la production et de la circulation des biens et des services. La solidarité avec ceux qui pour des raisons d'âge, d'handicap physique ou mental ou de circonstances économiques adverses ne peuvent accéder au travail, est un devoir. Toute organisation de la production et de la circulation des biens et des services sous lêégide du capital est contraire au "Bien commun de l'Humanité". Toutes les formes modernes d'esclavage, de servitude et d'exploitation du travail, notamment des enfants, dans le but d'un profit personnel ou d'une accumulation privée de la plus value, toutes les limitations à la liberté d'association des travailleurs, s'opposent au "Bien commun de l'Humanité" et sont donc susceptibles de sanctions.

Article 8 :
Reconstruire les territoires

Face à la mondialisation qui a favorisé une économie unipolaire, la concentration des pouvoirs de décision, l'hégémonie du capital financier et une circulation irrationnelle des biens et des services, il est indispensable de reconstruire les territoires comme base de la résistance à une mondialisation hégémonisée par le capital, de l'autonomie des populations, des pouvoirs de décision des communautés et des citoyens, de la souveraineté alimentaire, énergétique et des principaux échanges. Dans cette perspective, la régionalisation des économies s'effectue en vertu de leur complémentarité et de la solidarité et non de la compétitivité, permettant ainsi aux régions périphériques, de se "déconnecter" des centres économiques hégémoniques, pour établir une autonomie de production, commerciale et financière.

Le territoire, en tant que base de la vie sociale, doit être reconnu aux diverses dimensions, locale, régionale, continentale. L'information et la consultation préalable des populations concernées par des projets d'extraction minière, de travaux publics, ou de toute utilisation des richesses naturelles seront le principe à respecter. Est contraire au "Bien commun de l'Humanité", et donc est interdite, la constitution de monopoles et d'oligopoles, quel que soient les champs d'activité de production, de circulation ou de financement, de même que toute centralisation politique signifiant la disparition des territoires et tout abus de pouvoir territorial au détriment d'autres entités de même caractère.

Article 9 :
Garantir l'accès aux biens communs et à une protection sociale universelle

Il existe des biens communs indispensables pour la vie collective des individus et des peuples qui constituent des droits imprescriptibles. Il s'agit de l'alimentation, de l'habitat, de la santé, de l'éducation, de la sécurité affective et des communications matérielles et immatérielles, non seulement dans leur aspect quantitatif, mais aussi qualitatif. Il existe aussi différents moyens de contrôle citoyen ou de propriété sociale pour l'organisation efficace de l'accès à ces biens et services. La "protection universelle" est un droit de tous les peuples et de tous les individus et donc un devoir des autorités publiques, qui doit être appuyé par une fiscalité adéquate.

L'accès aux biens communs doit être reconnu comme un droit des peuples et des individus. Est contraire au "Bien commun de l'Humanité" et donc est interdite, la privatisation des services publics, particulièrement de la santé et de l'éducation, dans le but de contribuer à l'accumulation du capital privé. De façon spécifique, sont passibles de sanctions, la spéculation sur l'alimentation, l'habitat, la santé, l'éducation, les communications, de même que toute corruption dans l'exercice de ces droits.

L'organisation démocratique comme base de la construction du sujet

Article 10 :
Généraliser la démocratie et assurer la construction du sujet

Tous les peuples et tous les êtres humains sont des sujets de leur histoire et ont droit à une organisation sociale et politique garantissant ce principe. Celle-ci doit assurer l'harmonie avec la nature et l'accès de tous aux bases matérielles de la vie, par le biais de systèmes de production et de circulation basés sur la justice sociale. À cet effet, l'organisation collective doit permettre la participation de tous à la production et la reproduction de la vie de la planète et des êtres humains, c'est-à-dire du "Bien commun de l'Humanité". Le principe organisateur de cet objectif est la généralisation de la démocratie dans tous les rapports sociaux, famille, genre, travail, exercice de l'autorité publique, entre les peuples et les nations et au sein de toutes les institutions sociales, politiques, économiques, sociales, culturelles, religieuses. Cela vaut pour toutes les institutions qui représentent des secteurs d'activités ou des intérêts spécifiques, comme les entreprises industrielles et agricoles, les organismes financiers et commerciaux, les partis politiques, les institutions religieuses et syndicales, les ONG, les groupes sportifs et culturels, les institutions humanitaires. Tout cela signifie le retour du sujet, collectif ou personnel, comme porteur de la construction sociale.

La généralisation de la démocratie doit s'appliquer à tous les rapports sociaux et à toutes les institutions. Sont contraires au "Bien commun de l'Humanité" et au "Bien vivre", toutes les formes non démocratiques d'organisation de la vie politique, économique, sociale et culturelle de la société.

Article 11 :
Établir une relation d'égalité entre hommes et femmes

Une importance particulière sera accordéeaux relations entre hommes et femmes, inégales depuis des temps immémoriaux et dans la plupart des sociétés qui se sont succédé au cours de l'histoire de l'Humanité (patriarcat).

Toutes les institutions et tous les systèmes sociaux et culturels doivent reconnaître, respecter et promouvoir le droit des femmes à une vie équivalente à tous égards à celle des hommes et garantir leur participation sur un pied d'égalité. Sont contraires au "Bien commun de l'Humanité" les actions sociales et économiques, les institutions et les systèmes culturels et religieux, qui défendent ou appliquent la discrimination de la femme. Sont susceptibles de sanctions toutes les formes de domination masculine et notamment les différences de revenu économique salarial et la non-reconnaissance du travail intrafamilial lié à la reproduction de la vie.

Article 12 :
Interdire la guerre et les violences collectives

Les relations internationales démocratiques ne permettent pas l'utilisation de la guerre pour résoudre les conflits. De nos jours, la paix n'est pas garantie par la course aux armements. L'existence d'armes nucléaires, biologiques, chimiques, met en danger la vie de la planète et de l'Humanité. Les armements se sont transformés en marchandises. Leur fabrication entraîne un gigantesque gaspillage d'énergie, de richesses naturelles et de talents humains et leur utilisation provoque, en plus des pertes de vies humaines, d'incommensurables souffrances physiques et morales et de graves destructions environnementales.

La paix, dont la base est la justice, se construit sur le dialogue. Sont contraires au "Bien commun de l'Humanité" et donc sont interdites : la fabrication, la possession et l'utilisation des armes de destruction massive, l'accumulation des armes conventionnelles pour établir des hégémonies régionales et contrôler les ressources naturelles, la destruction des bases de la vie (eau, alimentation, microclimats), l'utilisation du viol comme arme de guerre, l'incitation à la guerre par les moyens de communication sociale, les pactes régionaux hégémoniques, la solution militaire pour résoudre des problèmes politiques internes, ainsi que toutes les violences sociales généralisées. Les génocides sont condamnés comme actes irréparables et criminels de discrimination, ainsi que les ethnocides et les écocides. Sont susceptibles de sanctions toutes les ségrégations de genre, race, (ethnie), nation, culture, statut social, préférence sexuelle, capacité physique ou mentale, religion et appartenance idéologique

Article 13 :
Construire l'état en fonction du Bien commun

Le rôle de l'État, comme administrateur collectif, est d'assurer le Bien commun, c'est-à-dire, l'intérêt général face aux intérêts individuels ou particuliers. Une participation démocratique est donc nécessaire pour définir le Bien commun (les Constitutions) et pour les appliquer. Tous les peuples de la terre, dans la pluralité de leurs composantes (membres, organisations et mouvements sociaux) ont droit à des systèmes politiques de participation directe ou déléguée avec mandat révocable. Les gouvernements régionaux et les organisations internationales doivent se construire sur un principe démocratique, en particulier les Nations Unies.

L'organisation sociale et politique doit se construire de bas en haut, par des mécanismes de participation et de représentation sociale, afin de garantir un fonctionnement juste et équitable des institutions publiques. Sont contraires au "Bien commun de l'Humanité" et sont donc prohibées, tout système dictatorial ou autoritaire de l'exercice du pouvoir politique ou économique, où des minorités non représentatives, formelles et informelles, monopolisent les décisions sans participation, initiative ni contrôle populaire. Sont également interdites, les subventions publiques aux organisations, mouvements sociaux, partis politiques, institutions culturelles ou religieuses, qui ne respectent pas les principes démocratiques ou exercent quelque type de discrimination que ce soit (genre, race, préférence sexuelle).

Article 14 :
Garantir les droits des peuples indigènes

Les peuples originaires ont le droit d'être reconnus dans leurs diffé-rences. Ils ont besoin des bases matérielles et institutionnelles pour la reproduction de leurs coutumes, langues, cosmovisions, institutions communales, c'est-à-dire un territoire de référence protégé, une édu-cation bilingue, un système judiciaire propre, une représentation publique. Ils sont à l'origine de facteurs importants dans le monde contemporain : protection de la Terre-Mère, résistance au système extractif-exportateur de production et d'accumulation, vision holis-tique de la réalité naturelle et sociale.

Les peuples autochtones et les minorités ethniques ont droit à l'exis-tence en tant que tels. Sont contraires au "Bien commun de l'Huma-nité" et donc sont interdits, les actions, les institutions et les systèmes économiques, politiques et culturels qui détruisent, séparent, discri-minent ou font obstacle à la vie physique, culturelle et spirituelle des peuples autochtones.

Article 15 :
Respecter le droit à la résistance

Tous les peuples et groupes sociaux ont le droit de développer une pensée critique, d'exercer des résistances pacifiques contre les actions destructrices de la nature, de la vie humaine, des libertés collectives ou individuelles et des cultures, et, le cas échéant, ils ont le droit à l'insurrection.

La résistance à l'injustice est un droit et un devoir de tout peuple et de toute personne humaine. Sont contraires au "Bien commun de l'Humanité" et sont donc prohibés, les censures de la pensée, la criminalisation des résistances et la répression violente des mouve-ments de libération.

L'interculturalité en tant que dynamique de la pensée et de l'éthique sociale

Article 16
Établir l'interculturalité

Le "Bien commun de l'Humanité" implique la participation de toutes les cultures, les savoirs, les arts, les philosophies, les religions, les folklores, à la lecture de la réalité, à l'élaboration de l'éthique nécessaire pour la construction sociale, à la production de leurs expressions symboliques, linguistiques et esthétiques et à la formulation des utopies. On ne peut pas détruire la richesse culturelle du genre humain, construite comme un patrimoine tout au long de l'histoire. La science et ses applications technologiques doivent être au service du bien-être de l'Humanité et non de l'accumulation du capital. L'interculturalité implique la contribution croisée de toutes les cultures, avec leurs diversités, aux différentes dimensions du "Bien commun de l'Humanité" : respect de la nature en tant que source de vie, priorité à la valeur d'usage sur la valeur d'échange sur base de justice sociale, démocratisation généralisée et diversité et échanges culturels.

Toutes les cultures, les savoirs, les spiritualités en concordance avec les principes de cette Déclaration, doivent disposer des moyens de contribuer à la poursuite du "Bien commun de l'Humanité", seule définition du progrès. Sont contraires au "Bien commun de l'Humanité" et au "Bien vivre", et donc sont interdits, les ethnocides culturels, les pratiques, institutions et systèmes culturels qui voilent, discriminent ou folklorisent les richesses culturelles des peuples et qui imposent une homogénéisation mono-culturelle, en identifiant développement humain et culture occidentale. Sont également interdits les pratiques, les institutions et les systèmes politiques et culturels qui exigent le retour à un passé illusoire, en promouvant la violence ou la discrimination entre et à l'intérieur des peuples.

Article 17 :
Assurer le droit à l'éducation, à la transmission et le droit à la communication

L'information est devenue centrale dans un système de production ayant recours aux moyens immatériels et dans un monde globalisé. Dans la logique du capital, l'information est monopolisée par les pouvoirs économiques, tant dans sa production que dans son usage, entraînant une certaine forme d'aliénation. Dans le cas des moyens de communication de masse, une telle situation contredit l'exercice d'une réelle liberté. Les monopoles d'État, sans participation citoyenne, ne sont pas une solution adéquate. Seules des règles démocratiquement élaborées peuvent assurer la libre circulation d'une information responsable, critique et constructive.

Tous les peuples et individus ont le droit à l'information, à l'opinion critique et à la connaissance. Ils ont aussi le droit à l'échange des savoirs et à la recherche des informations utiles à la construction du "Bien commun de l'Humanité". Ils en établissent démocratiquement les normes de fonctionnement. Sont contraires au "Bien commun de l'Humanité" et donc interdits, les monopoles des moyens de communication par des groupes de pouvoir financier ou industriel, la marchandisation des publics par les agences de publicité, le contrôle exclusif et non participatif des États sur le contenu de l'information, les brevets sur les savoirs scientifiques, empêchant la circulation des connaissances pour le "Bien vivre" des peuples.

Obligations et sanctions pour la non-exécution de la Déclaration

Article 18 :
L'application du paradigme du Bien commun de l'Humanité

La violation des droits et des obligations exprimés dans cette Décla-ration, formant un ensemble destiné à construire en permanence le "Bien commun de l'Humanité", ou la non-exécution des mécanis-mes prévus par cette même déclaration, doivent être connus, jugés, sanctionnés et réparés, *au prorata* de la dimension et des effets du mal causé et, quand elles existent, en accord avec les dispositions des législations nationales et du droit international. Des mesures de transition à court et à moyen termes (réformes et régulations) permettront d'ouvrir la voie à la transformation des rapports à la nature, à l'établissement de la priorité de la valeur d'usage, à la généralisation de la démocratie et à la création de l'interculuralité. Cependant, elles ne pourront pas être seulement des régulations du mode contemporain d'accumulation, afin que ce dernier puisse répondre aux nouvelles exigences de la protection de la nature et de la survie des êtres humains, sinon des étapes pour l'adoption du nouveau paradigme du "Bien commun de l'Humanité". La mise en pratique de cette Déclaration doit être garantie par des mesures adéquates démocratiquement élaborées.

Sont contraires au "Bien commun de l'Humanité" et au "Bien vivre", et donc frappées de nullité, toute forme d'impunité, loi de point final, amnistie ou quel qu'autre disposition impliquant un déni de justice envers les victimes : c'est-à-dire, la nature et son élément conscient, le genre humain.

BIBLIOGRAPHIE

ACOSTA A. et MARTINEZ E., *El BuenVivir – Una vía para el desarrollo*, AbyaYala, Quito, 2009.

ALBO X., "Suma Qamaña, Convivir Bien, ¿ Cómo medirlo ?", *Diálogos*, Año 1, N° 0, août 2010, pp. 54-64.

AMIN S., "Le capitalisme et la nouvelle question agraire", Forum du Tiers-Monde, Dakar, 2003.

BOFF L., *El despertar del Águila*, Trotta, Madrid, 2000.

BEINSTEIN J, *El largo Crepúsculo del capitalismo*, Cartago, Buenos Aires, 2009.

BRIE M., *Making the Common Good of Humanity concrete*, Fondation Rosa Luxembourg, Bruxelles, 2011.

BRAUDEL F., *Écrits sur l'Histoire*, Flammarion, Paris, 1969.

CARCANHOLO R. A. y SABADINI M. de S., "Capital ficticio y ganancias ficticias", 2009, in : DELGADO G., *Metabolismo social y Futuro común de la Humanidad : Un análisis Norte-Sur*, Fondation Rosa Luxembourg, Bruxelles, 2011.

DE SOUZA SANTOS B., *Refundación del estado en América Latina – perspectivas desde una epistemología del Sur*, AbyaYala, Quito, 2010.

DE SCHUTTER O., "Eco-farming can double Food production", Office of the High Commissioner for Human Rights, Genève, mars 2011.

DIERCKXSENS W. et al., *La gran crisis del siglo XXI – Causas, carácter, Perspectivas*, DEI, San José, 2009.

DIERCKXSENS W. et al., *Siglo XXI, Crisis de una Civilización*, DEI, San José, 2010.

DIERCKXSENS W., "Población, Fuerza de Trabajo y rebelión en el Siglo XXI", texto preparado para el taller del Foro Mundial de Alternativas en el Foro Social Mundial de Dakar, 2011 (www.Forumalternatives.org).

DUSSEL E., *Philosophie de la Libération*, L'Harmattan, Paris, 2002.

ECHEVERRIA B., *Las Ilusiones de la Modernidad*, Trama social, Quito, 2001.

GODELIER M., "Transition", in : BENSUSSAN G. et LABICA G., *Dictionnaire critique du Marxisme*, PUF, Paris, 1982.

FORNET-BETANCOURT R., *La Philosophie interculturelle*, L'Harmattan, Paris, 2011.

GEORGE S., *Le Rapport Lugano*, Fayart, Paris, 2005.

GUDYNAS E., *El mandato ecológico ñderechos de la Naturaleza y políticas ambientales en la nueva Constitución*, AbyaYala, Quito, 2009.

HERRERA R., *Un autre Capitalisme est possible*, Syllepse, Paris, 2009.

HERRERA R. et NAKATANI P., "Las Crisis financieras, Raíces, Razones, Perspectivas", 2009, in : HERRERA R., *Réflexions sur la Crise et ses Effet*, Fondation Rosa Luxembourg, Bruxelles, 2011.

HINKELAMMERT F., *El Sujeto y la Ley. El retorno del sujeto oprimido*, El Perro y la Rana, Caracas, 2006.

HOUTART F., *El Camino a la utopía desde un mundo de incertidumbre*, Ruth Casa Editorial, La Havane, 2009.

HOUTART F., *L'Agroénergie, Solution pour le Climat ou sortie de crise pour le Capital*, Couleurs livres, Bruxelles, 2009.

KOVEL J., *The Ennemy of Nature – The End of capitalism or the End of the World*, Zed Books, Londres-New York, 2007.

LATOUCHE S., *Sortir de la Société de Consommation – Les Biens qui libèrent*, Paris, 2010.

LEMOINE M., "À quoi sert l'Utopie ?" (Recension d'Eduardo Galeano), *Le Monde Diplomatique*, janvier 2011.

MAFFESOLI M., *Le Temps des Tribus*, Méridiens Klincksiek, Paris, 1988.

MERCIER-JESAS., "Besoin", in : BENSUSSANG et LABICAG., *Dictionnaire critique du Marxisme*, PUF, Paris, 1982, pp. 96-100

MESZAROS I., *El Desafío y la Carga del Tiempo histórico – El Socialismo del Siglo XXI*, CLACSO-Vadell, Buenos Aires-Caracas, 2008.

MOLINA MOLINE E., *Vigencia de la Teoría general de Keynes*, Ed. De Ciencias Sociales, La Havane, 2010.

NUNEZ O., *La Economía social solidaria en las Naciones proletarizadas y el Proletariado por Cuenta propia en la Transformación del Sistema*, Managua, 2011.

ORTEGA J., "Identidad y Posmodernidad en América latina", *Socialismo y Paricipación*, N° 70, juillet 1995.

PETRELLA R., *Le Bien commun – Eloge de la Solidarité*, Labor, Bruxelles, 1988.

PIEILLER E., "Dans la caverne de Alain Badiou", *Le monde Diplomatique*, Paris, janvier 2011.

PLEYERS G., "Alterglobalisation – Becoming Actors in the Globs Age", *The Polity Press*, Cambridge, 2010.

QUIROGA D., "Sumak Kawsai – Hacia un nuevo pacto en harmonía con la Naturaleza", 2009, in : ACOSTA A.y MARTINEZ E., *El Buen Vivir – Una vía para el desarrollo*, AbyaYala, Quito, 2009.

RUIZ DE ELVIRA M., "El Gran hermano de los Bancos", *El País*, Madrid, 15 décembre 2010.

SALAMANCA SERRANO A., *Teoría Socialista del Derecho*, (deux tomes), Ed. Jurídica del Ecuador, Quito, 2011.

SANCHEZPARGA J., *Poder y Política en Maquiavelo*, Homo Sapiens/CAAP, Quito, 2005.

SOUTH CENTER, *Food auto-sufficiency, Energy Crisis*, Genève, 2008.

STERN N., "Report on the Economy of Climate Change", Finance Ministry, Londres, 2006.

STERNKELL Z., Anti-Lumières de tous les pays...", *Le Monde Diplomatique*, Paris, 3 décembre 2010.

STIGLITZ J., *The Stiglitz Report*, The New Press, New York, Londres, 2010.

VANDEPITTE M., *Redirecting production for Life's Necessities, priorizing Use value over Exchange value*, Fondation Rosa Luxembourg, Bruxelles, 2011.

WALLERSTEIN I., "Globalization or The Age of Transition ? – A Long Term View of the Trajectory of the World System", *International Sociology*, Vol. 15 (2), juin 2000 , pp. 251-267.

Fondation Rosa Luxemburg (bureau de Bruxelles) :
Avenue Michel-Ange, 11 – 1000 Bruxelles – Belgique
Tél. : +32 (0)2 738 76 60
Fax : +32 (0)2 738 76 69
Email : info@rosalux-europa.info
Site : www.rosalux-europa.info

Déjà parus chez le même éditeur

Alexis Deswaef
Israël-Palestine : au cœur de l'étau
10 jours pour comprendre

Un récit de voyage en Palestine hallucinant ! Celui d'une équipe de juristes spécialisés en droit international qui a rencontré de nombreux témoins, tant juifs que palestiniens, de Jérusalem à travers la Cisjordanie, sur les routes d'Israël, des villes du Nord jusqu'au désert du Néguev dans le Sud, quelques kilomètres de Gaza, cette prison à ciel ouvert. Toutes les questions qui font mal sont abordées dans ce livre sans langue de bois : l'occupation militaire, la colonisation civile, le mur d'annexion, les prisonniers politiques, l'exploitation des ressources des territoires palestiniens ou encore le régime d'apartheid en Israël. Une solution juste et durable du conflit, faite de deux Etats démocratiques, s'éloigne chaque jour un peu plus. Pour y arriver malgré tout, un "retour en arrière" douloureux s'impose. Il ne s'opérera pas sans une pression internationale forte. Cette chronique est un cri d'alarme au monde. Témoigner, c'est dénoncer les injustices pour les faire cesser.

■ 120 p. ■ 13,5*20,5 cm ■ 12 € ■

Frédéric Thomas
L'échec humanitaire
Le cas haïtien

Le 12 janvier 2010, un tremblement de terre de magnitude 7 frappe Haïti, faisant plus de 220.000 victimes et laissant 1,5 million de personnes sans abri. Très vite et de manière massive, médias, ONG, organisations internationales et simples citoyens se mobilisent. Les dons et promesses affluent. Avec un objectif, un seul slogan, qui semble alors partagé par tous : "Reconstruire en mieux". Trois ans après, où en est-on ? Bilans désenchantés et contradictoires, selon d'où l'on parle, évaluations mitigées ou critiques, dont on reporte les conclusions à une hypothétique phase de reconstruction.

■ 80 p. ■ 13,5*20,5 cm ■ 9 € ■ Coédition CETRI

Bruno Bauraind (dir.)
Le Big Business en 25 fiches
Petit manuel de l'entreprise transnationale

Qu'on la désigne transnationale, multinationale ou supranationale, la grande entreprise capitaliste moderne est une institution motrice de la mondialisation. Soumettant l'Etat au diktat de la compétitivité, du territoire, soumettant le monde du travail à des pratiques managériales visant la concurrence entre les salariés, les effets négatifs des activités des entreprises transnationales sont connus de tous. Faire la tranparence sur l'entreprise transantionale passe, avant toute chose, par un exercice d'éducation populaire visant à comprendre la place qu'occupe aujourd'hui cet acteur dans la vie de chacun de nous.

■ 152 p. ■ 13,5*20,5 cm ■ 16 € ■ Coédition GRESEA

Questions et débats de société, pédagogie, formation, récits de vie...
www.couleurlivres.be

Déjà parus chez le même éditeur

Michel Collon - Grégoire Lalieu
La stratégie du chaos
Impérialisme et islam

Il y a d'abord eu la "stratégie du choc" : Bush frappant l'Irak et l'Afghanistan. Mais il a échoué. Les Etats-Unis passent-ils alors à une nouvelle politique, la "stratégie du chaos" ? Dans cet arc musulman qui relie l'Afrique à l'Asie en passant par le Moyen-Orient, révoltes et résistances se multiplient. Les Etats-Unis ont tenté, en vain, de contrôler cette région riche en matières premières et traversée de voies maritimes stratégiques. Un enjeu décisif pour garder le *leadership* mondial face à l'Europe, le Russie et surtout la montée de la Chine. A défaut de contrôler les richesses du monde musulman, il faut empêcher les concurrents d'en profiter. D'où la stratégie du chaos : diviser pour régner. Au risque d'embraser toutes ces régions ? Dans ces entretiens clairs et passionnants, Mohamed Hassan analyse ces nouveaux rapports Nord-Sud qui façonneront le monde de demain.

■ 456 p. ■ 13*21 cm ■ 20 € ■ Coédition Investig'Action

François Houtart
L'agroénergie
Solution pour le climat ou sortie de crise pour le capital ?

L'agroénergie se trouve au coeur de l'actualité. Le problème climatique est beaucoup plus grave que l'on pense et il est clairement le résultat de l'activité humaine. Il est donc urgent d'agir. Mais l'agroénergie est-elle vraiment une solution ? Pourra-t-elle remplacer l'énergie fossile ? Peut-on vraiment parler de solution sans remettre cette dernière dans son cadre global ? Il serait bien étonnant qu'un système économique tel que le capitalisme n'essaye pas d'apporter quelques remèdes à une situation qui le bloque jusque dans sa proper survie. Mais s'agit-il pour autant de mesures favorables à l'humanité dans son ensemble et susceptibles de garantir l'avenir de la planète ?

■ 224 p. ■ 15*22 cm ■ 19 € ■

Laurent Delcourt, Bernard Duterme, Aurélie Leroy, François Polet
Mondialisation
Gagnants et perdants

Crise alimentaire, crise environnementale, crise financière. La généralisation des logiques productivistes et des politiques économiques libérales a creusé les écarts entre "gagnants" et "perdants" de la mondialisation. Ce livre rend compte en profondeur du phénomène, de ses principaux acteurs et des réactions qu'il génère. Quels sont les causes et les effets de la "bidonvillisation" du Sud ? Qui pâtit et qui profite de la déforestation des régions tropicales ? Comment les mouvements d'enfants travailleurs se mobilisent-ils pour leur droit à un "travail digne" ? En quoi le tourisme, premier poste du commerce international, est-il un révélateur criant des disparités mondiales ?...

■ 168 p. ■ 13,5*20,5 cm ■ 17 € ■ Coédition CETRI

Questions et débats de société, pédagogie, formation, récits de vie...
www.couleurlivres.be

Table des matières

Imprimé en Belgique